Ich hab die Nacht geträumet

Ich hab die Nacht geträumet

geträumet

Gedichte und Geschichten

zu Traum und Nacht

Ausgewählt von Mareike von Landsberg

Anaconda

Penguin Random House Verlagsgruppe FSC® N001967

Die Deutsche Nationalbibliothek verzeichnet diese Publikation in der
Deutschen Nationalbibliografie; detaillierte bibliografische Daten sind
im Internet unter http://dnb.d-nb.de abrufbar.

© 2022 by Anaconda Verlag, einem Unternehmen der Penguin
Random House Verlagsgruppe GmbH, Neumarkter Straße 28, 81673
München
Alle Rechte vorbehalten.
Umschlagmotiv: shutterstock.com / Croisy
Umschlaggestaltung: www.katjaholst.de
Satz und Layout: Achim Münster, Overath
Druck und Bindung: CPI books GmbH, Leck
ISBN 978-3-7306-1089-3
www.anacondaverlag.de

Inhalt

»Die Nacht hat silberne Saiten«

–

Abend, Nacht und Schlaf

Einmal noch den Abend halten

Einmal noch den Abend halten
Im versinkenden Gefühl!
Der Gestalten, der Gewalten
Sind zu viel.

Sie umbrausen den verwegnen Leuchter,
Der die Nacht erhellt.
Fiebriger und feuchter
Glänzt das Angesicht der Welt.

Erste Sterne, erste Tropfen regnen,
Immer süßer singt das Blatt am Baum.
Und die brüderlichen Blitze segnen
Blau wie Veilchen den erwachten Traum.

Klabund

Der Abend

Schweigt der Menschen laute Lust:
Rauscht die Erde wie in Träumen
Wunderbar mit allen Bäumen,
Was dem Herzen kaum bewusst,
Alte Zeiten, linde Trauer,
Und es schweifen leise Schauer
Wetterleuchtend durch die Brust.

Joseph von Eichendorff

MEERESSTRAND

Ans Haff nun fliegt die Möwe,
Und Dämmrung bricht herein;
Über die feuchten Watten
Spiegelt der Abendschein.

Graues Geflügel huschet
Neben dem Wasser her;
Wie Träume liegen die Inseln
Im Nebel auf dem Meer.

Ich höre des gärenden Schlammes
Geheimnisvollen Ton,
Einsames Vogelrufen –
So war es immer schon.

Noch einmal schauert leise
Und schweiget dann der Wind;
Vernehmlich werden die Stimmen,
Die über der Tiefe sind.

Theodor Storm

Der Abend ist mein Buch. Ihm prangen
die Deckel purpurn in Damast;
ich löse seine goldnen Spangen
mit kühlen Händen, ohne Hast.

Und lese seine erste Seite,
beglückt durch den vertrauten Ton, –
und lese leiser seine zweite,
und seine dritte träum ich schon.

Rainer Maria Rilke

ABENDLIED

Die Nacht ist niedergangen,
Die schwarzen Schleier hangen
Nun über Busch und Haus.
Leis rauscht es in den Buchen,
Die letzten Winde suchen
Die vollsten Wipfel sich zum Neste aus.

Noch einmal leis ein Wehen,
Dann bleibt der Atem stehen
Der müden, müden Welt.
Nur noch ein zages Beben
Fühl durch die Nacht ich schweben,
Auf die der Friede seine Hände hält.

Otto Julius Bierbaum

ABEND

Der schnelle Tag ist hin, die Nacht schwingt ihre Fahn
Und führt die Sternen auf. Der Menschen müde Scharen
Verlassen Feld und Werk, wo Tier und Vögel waren
Traurt itzt die Einsamkeit. Wie ist die Zeit vertan!

Der Port naht mehr und mehr sich zu der Glieder Kahn.
Gleich wie dies Licht verfiel, so wird in wenig Jahren
Ich, du, und was man hat und was man sieht, hinfahren.
Dies Leben kömmt mir vor als eine Rennebahn.

Lass, höchster Gott, mich doch nicht auf dem Laufplatz gleiten,
Lass mich nicht Ach, nicht Pracht, nicht Lust, nicht Angst verlei-
ten.
Dein ewig heller Glanz sei vor und neben mir.

Lass, wenn der müde Leib entschläft, die Seele wachen,
Und wenn der letzte Tag wird mit mir Abend machen,
So reiß mich aus dem Tal der Finsternis zu Dir!

Andreas Gryphius

ABENDLIED

Augen, meine lieben Fensterlein,
Gebt mir schon so lange holden Schein,
Lasset freundlich Bild um Bild herein:
Einmal werdet ihr verdunkelt sein!

Fallen einst die müden Lider zu,
Löscht ihr aus, dann hat die Seele Ruh;
Tastend streift sie ab die Wanderschuh',
Legt sich auch in ihre finstre Truh'.

Noch zwei Fünklein sieht sie glimmend stehn,
Wie zwei Sternlein innerlich zu sehn,
Bis sie schwanken und dann auch vergehn,
Wie von eines Falters Flügelwehn.

Doch noch wandl' ich auf dem Abendfeld,
Nur dem sinkenden Gestirn gesellt;
Trinkt, o Augen, was die Wimper hält,
Von dem goldnen Überfluss der Welt!

Gottfried Keller

Ich bin zu Hause zwischen Tag und Traum.
Dort wo die Kinder schläfern, heiß vom Hetzen,
dort wo die Alten sich zu Abend setzen,
und Herde glühn und hellen ihren Raum.

Ich bin zu Hause zwischen Tag und Traum.
Dort wo die Abendglocken klar verklangen
und Mädchen, vom Verhallenden befangen,
sich müde stützen auf den Brunnensaum.

Und eine Linde ist mein Lieblingsbaum;
und alle Sommer, welche in ihr schweigen,
rühren sich wieder in den tausend Zweigen
und wachen wieder zwischen Tag und Traum.

Rainer Maria Rilke

Nenn ich dich Aufgang oder Untergang?
Denn manchmal bin ich vor dem Morgen bang
und greife scheu nach seiner Rosen Röte –
und ahne eine Angst in seiner Flöte
vor Tagen, welche liedlos sind und lang.

Aber die Abende sind mild und mein,
von meinem Schauen sind sie still beschienen;
in meinen Armen schlafen Wälder ein, –
und ich bin selbst dem Dunkel und den Violinen
verwandt durch all mein Dunkelsein.

Rainer Maria Rilke

Dämmrung senkte sich von oben,
Schon ist alle Nähe fern;
Doch zuerst emporgehoben
Holden Lichts der Abendstern!
Alles schwankt ins Ungewisse,
Nebel schleichen in die Höh';
Schwarz vertiefte Finsternisse
Widerspiegelnd ruht der See.

Nun im östlichen Bereiche
Ahn ich Mondenglanz und -glut,
Schlanker Weiden Haargezweige
Scherzen auf der nächsten Flut.
Durch bewegter Schatten Spiele
Zittert Lunas Zauberschein,
Und durchs Auge schleicht die Kühle
Sänftigend ins Herz hinein.

Johann Wolfgang Goethe

Um Mitternacht

Gelassen stieg die Nacht ans Land,
Lehnt träumend an der Berge Wand,
Ihr Auge sieht die goldne Waage nun
Der Zeit in gleichen Schalen stille ruhn;
Und kecker rauschen die Quellen hervor,
Sie singen der Mutter, der Nacht, ins Ohr
Vom Tage,
Vom heute gewesenen Tage.

Das uralt alte Schlummerlied,
Sie achtet's nicht, sie ist es müd;
Ihr klingt des Himmels Bläue süßer noch,
Der flüchtgen Stunden gleich geschwungnes Joch.
Doch immer behalten die Quellen das Wort,
Es singen die Wasser im Schlafe noch fort
Vom Tage,
Vom heute gewesenen Tage.

Eduard Mörike

WEM EIN SEUFZER FIEL IN DEN SCHOSS

Der Tag legt endlich die Krone ab,
Groß und mächtig wächst jeder Baum;
Sehnsucht tritt an der Wipfel Saum,
Und Seufzer fallen von Wolken herab.
Die Blätter hängen wie Stein bei Stein,
Nachtwinde schläfern die Erde ein.
Wem ein Seufzer fiel in den Schoß,
Den lassen die Tränen nicht mehr allein,
Den lässt die Dunkelheit nicht mehr los,
Dem wandern die Füße rastlos fort,
Sein Mund spricht manches begrabene Wort,
Die Nacht hängt als Schleppe an seinem Kleid,
Bis ihn ein Herz von dem Seufzer befreit.

Max Dauthendey

Trägt nicht alles, was uns begeistert, die Farbe der Nacht? Sie trägt dich mütterlich und ihr verdankst du all deine Herrlichkeit. Du verflögst in dir selbst – in endlosen Raum zergingst du, wenn sie dich nicht hielte, dich nicht bände, dass du warm würdest und flammend die Welt zeugtest.

Novalis, aus der 4. Hymne an die Nacht

DER EINSIEDLER

Komm, Trost der Welt, du stille Nacht
Wie steigst du von den Bergen sacht,
Die Lüfte alle schlafen,
Ein Schiffer nur noch, wandermüd,
Singt übers Meer sein Abendlied
Zu Gottes Lob im Hafen.

Die Jahre wie die Wolken gehn
Und lassen mich hier einsam stehn,
Die Welt hat mich vergessen,
Da tratst du wunderbar zu mir,
Wenn ich beim Waldesrauschen hier
Gedankenvoll gesessen.

O Trost der Welt, du stille Nacht!
Der Tag hat mich so müd gemacht,
Das weite Meer schon dunkelt,
Lass ausruhn mich von Lust und Not,
Bis dass das ew'ge Morgenrot
Den stillen Wald durchfunkelt.

Joseph von Eichendorff

DIE NACHT

Seid gegrüßt, ihr zufluchtsvolle Schatten,
Ihr Fluren, die ihr einsam um mich ruht;
Du stiller Mond, du hörst, nicht wie Verleumder lauren,
Mein Herz, entzückt von deinem Perlenglanz.

Aus der Welt, wo tolle Toren spotten,
Um leere Schattenbilder sich bemühn,
Flieht der zu euch, der nicht das schimmernde Getümmel
Der eitlen Welt, nein! nur die Tugend liebt.

Nur bei dir empfindt auch hier die Seele,
Wie göttlich sie dereinst wird sein,
Die Freude, deren falschem Schein so viel Altäre,
So viele Opfer hier gewidmet sind.

Weit hinauf, weit über euch, ihr Sterne,
Geht sie entzückt mit heilgem Seraphsflug;
Sieht über euch herab mit göttlich heilgem Blicke,
Auf ihre Erd, da wo sie schlummernd ruht …

Goldner Schlaf, nur dessen Herz zufrieden
Wohltätger Tugend wahre Freude kennt,
Nur der fühlt dich. – Hier stellst du dürftig schwache Arme,
Die seine Hülfe suchen, vor ihn hin.

Schnell fühlt er des armen Bruders Leiden;
Der arme weint, er weinet auch mit ihm;
Schon Trost genug! Doch spricht er, gab Gott seine Gaben
Nur mir? nein, auch für andre lebe ich. –

Nicht von Stolz, noch Eitelkeit getrieben,
Kleidt er den Nackten dann, und sättigt den,
Dem blasse Hungersnot sein schwach Gerippe zählet;
Und himmlisch wird sein fühlend Herz entzückt.

So ruht er, allein des Lasters Sklaven
Quält des Gewissens bange Donnerstimm',
Und Todesangst wälzt sie auf ihren weichen Lagern,
Wo Wollust selber sich die Rute hält.

Friedrich Hölderlin

BITTE

Weil auf mir, du dunkles Auge,
Übe deine ganze Macht,
Ernste, milde, träumerische,
Unergründlich süße Nacht!

Nimm mit deinem Zauberdunkel
Diese Welt von hinnen mir,
Dass du über meinem Leben
Einsam schwebest für und für.

Nikolaus Lenau

Die Nacht wächst wie eine schwarze Stadt,
wo nach stummen Gesetzen
sich die Gassen mit Gassen vernetzen
und sich Plätze fügen zu Plätzen,
und die bald an die tausend Türme hat.

Aber die Häuser der schwarzen Stadt, –
du weißt nicht, wer darin siedelt.

In ihrer Gärten schweigendem Glanz
reihen sich reigende Träume zum Tanz, –
und du weißt nicht, wer ihnen fiedelt …

Rainer Maria Rilke

2. Hymne an die Nacht

Muss immer der Morgen wiederkommen? Endet nie des Irdischen Gewalt? Unselige Geschäftigkeit verzehrt den himmlischen Anflug der Nacht. Wird nie der Liebe geheimes Opfer ewig brennen? Zugemessen ward dem Lichte seine Zeit; aber zeitlos und raumlos ist der Nacht Herrschaft. – Ewig ist die Dauer des Schlafs. Heiliger Schlaf – beglücke zu selten nicht der Nacht Geweihte in diesem irdischen Tagewerk. Nur die Toren verkennen dich und wissen von keinem Schlafe, als den Schatten, den du in jener Dämmerung der wahrhaften Nacht mitleidig auf uns wirfst. Sie fühlen dich nicht in der goldnen Flut der Trauben – in des Mandelbaums Wunderöl, und dem braunen Safte des Mohns. Sie wissen nicht, dass du es bist, der des zarten Mädchens Busen umschwebt und zum Himmel den Schoß macht – ahnden nicht, dass aus alten Geschichten du himmelöffnend entgegentrittst und den Schlüssel trägst zu den Wohnungen der Seligen, unendlicher Geheimnisse schweigender Bote.

Novalis

NOCTURNO

Siehe die Nacht hat silberne Saiten
In die träumenden Saaten gespannt!
Weiche verzitternde Klänge gleiten
Über das selig atmende Land
Fernhin in schimmernde Weiten.

Sanft wie eine segnende Hand
Tönt und vertönt ihre Weise
Leise … so leise … so leise …

Und die Seele hebt ihre Schwingen
– Silberne Klänge sind ihre Flügel –
Weit über duftumsponnene Hügel
Durch der Täler verdämmernden Schein
Schwebt sie auf sehnsuchtgewiesener Reise
Still ins strömende Mondlicht hinein …

Stefan Zweig

MONDNACHT

Es war, als hätt der Himmel
Die Erde still geküsst,
Dass sie im Blütenschimmer
Von ihm nun träumen müsst.

Die Luft ging durch die Felder,
Die Ähren wogten sacht,
Es rauschten leis die Wälder,
So sternklar war die Nacht.

Und meine Seele spannte
Weit ihre Flügel aus,
Flog durch die stillen Lande,
Als flöge sie nach Haus.

Joseph von Eichendorff

DIE NACHTBLUME

Nacht ist wie ein stilles Meer,
Lust und Leid und Liebesklagen
Kommen so verworren her
In dem linden Wellenschlagen.

Wünsche wie die Wolken sind,
Schiffen durch die stillen Räume,
Wer erkennt im lauen Wind,
Ob's Gedanken oder Träume? –

Schließ ich nun auch Herz und Mund,
Die so gern den Sternen klagen:
Leise doch im Herzensgrund
Bleibt das linde Wellenschlagen.

Joseph von Eichendorff

GESANG DER ELFEN

Um Mitternacht, wenn die Menschen erst schlafen,
Dann scheinet uns der Mond,
Dann leuchtet uns der Stern;
Wir wandlen und singen
Und tanzen erst gern.

Um Mitternacht, wenn die Menschen erst schlafen,
Auf Wiesen an den Erlen
Wir suchen unsern Raum
Und wandlen und singen
Und tanzen einen Traum.

Johann Wolfgang Goethe

WALDLIEDER
VI.

Der Nachtwind hat in den Bäumen
Sein Rauschen eingestellt,
Die Vögel sitzen und träumen
Am Aste traut gesellt.

Die ferne schmächtige Quelle,
Weil alles andre ruht,
Lässt hörbar nun Welle auf Welle
Hinflüstern ihre Flut.

Und wenn die Nähe verklungen,
Dann kommen an die Reih
Die leisen Erinnerungen
Und weinen fern vorbei.

Dass alles vorübersterbe,
Ist alt und allbekannt;
Doch diese Wehmut, die herbe,
Hat niemand noch gebannt.

Nikolaus Lenau

NACHT FÜR NACHT

Still, es ist ein Tag verflossen,
deine Augen sind geschlossen,
deine Hände, schwer wie Blei,
liegen dir so drückend ferne,
um dein Bette schweben Sterne,
dicht an dir vorbei.

Still, sie weiten dir die Wände:
gib uns her die schweren Hände,
sieh, der dunkle Himmel weicht,
deine Augen sind geschlossen,
still, du hast den Tag genossen,
dir wird leicht.

Richard Dehmel

NACHTGERÄUSCHE

Melde mir die Nachtgeräusche, Muse,
Die ans Ohr des Schlummerlosen fluten!
Erst das traute Wachtgebell der Hunde,
Dann der abgezählte Schlag der Stunde,
Dann ein Fischer-Zwiegespräch am Ufer,
Dann? Nichts weiter als der ungewisse
Geisterlaut der ungebrochnen Stille,
Wie das Atmen eines jungen Busens,
Wie das Murmeln eines tiefen Brunnens,
Wie das Schlagen eines dumpfen Ruders,
Dann der ungehörte Tritt des Schlummers.

Conrad Ferdinand Meyer

DER DICHTER
Aus: Abendröte

Der schwarze Mantel will sich dichter falten,
Die freundlichen Gespräche sind verschollen;
Wo allen Wesen tief Gesang entquollen,
Da muss die stumme Einsamkeit nun walten.

Es darf den großen Flug das Herz entfalten,
Und Fantasie nicht mehr der Täuschung zollen;
Was farbig prangt, muss bald ins Dunkel rollen,
Nur unsichtbares Licht kann nie veralten.

Willkommen, heil'ge Nacht, in deinen Schauern!
Es strahlt in dir des Lichtes Licht dem Frommen,
Führt ihn ins große All aus engen Mauern;

Er ist ins Innre der Natur gekommen,
Und kann um ird'schen Glanz nun nicht mehr trauern,
Weil schon die Binde ihm vom Haupt genommen.

Friedrich Schlegel

NACHTLIED

Quellende, schwellende Nacht,
Voll von Lichtern und Sternen:
In den ewigen Fernen,
Sage, was ist da erwacht!

Herz in der Brust wird beengt,
Steigendes, neigendes Leben,
Riesenhaft fühle ich's weben,
Welches das meine verdrängt.

Schlaf, da nahst du dich leis,
Wie dem Kinde die Amme,
Und um die dürftige Flamme
Ziehst du den schützenden Kreis.

Friedrich Hebbel

SCHLAF

Das Mondlicht fällt auf das Fußende meines Bettes und liegt dort wie ein großer, heller, flacher Stein.

Wenn der Vollmond in seiner Gestalt zu schrumpfen beginnt und seine rechte Seite fängt an zu verfallen, – wie ein Gesicht, das dem Alter entgegengeht, zuerst an einer Wange Falten zeigt und abmagert, – dann bemächtigt sich meiner um solche Zeit des Nachts eine trübe, qualvolle Unruhe.

Ich schlafe nicht und wache nicht, und im Halbtraum vermischt sich in meiner Seele Erlebtes mit Gelesenem und Gehörtem, wie Ströme von verschiedener Farbe und Klarheit zusammenfließen.

Ich hatte über das Leben des Buddha Gotama gelesen, ehe ich mich niedergelegt, und in tausend Spielarten zog der Satz immer wieder von vorne beginnend durch meinen Sinn:

»Eine Krähe flog zu einem Stein hin, der wie ein Stück Fett aussah, und dachte: vielleicht ist hier etwas Wohlschmeckendes. Da nun die Krähe dort nichts Wohlschmeckendes fand, flog sie fort. Wie die Krähe, die sich dem Stein genähert, so verlassen wir – wir, die Versucher, – den Asceten Gotama, da wir den Gefallen an ihm verloren haben.«

Und das Bild von dem Stein, der aussah wie ein Stück Fett, wächst ins Ungeheuerliche in meinem Hirn:

Ich schreite durch ein ausgetrocknetes Flussbett und hebe glatte Kiesel auf.

Graublaue mit eingesprengtem glitzerndem Staub, über die ich nachgrüble und nachgrüble und doch mit ihnen nichts anzufangen weiß, – dann schwarze mit schwefelgelben Flecken wie die Stein gewordenen Versuche eines Kindes, plumpe, gesprenkelte Molche nachzubilden.

Und ich will sie weit von mir werfen, diese Kiesel, doch immer fallen sie mir aus der Hand, und ich kann sie aus dem Bereich meiner Augen nicht bannen.

Alle jene Steine, die je in meinem Leben eine Rolle gespielt, tauchen auf rings um mich her.

Manche quälen sich schwerfällig ab, sich aus dem Sande ans Licht emporzuarbeiten – wie große schieferfarbene Taschenkrebse, wenn die Flut zurückkommt, – und als wollten sie alles daran setzen, meine Blicke auf sich zu lenken, um mir Dinge von unendlicher Wichtigkeit zu sagen.

Andere – erschöpft – fallen kraftlos zurück in ihre Löcher und geben es auf, je zu Worte zu kommen.

Zuweilen fahre ich empor aus dem Dämmer dieser halben Träume und sehe für einen Augenblick wiederum den Mondschein auf dem gebauschten Fußende meiner Decke liegen wie einen großen, hellen, flachen Stein, um blind von Neuem hinter meinem schwindenden Bewusstsein herzutappen, ruhelos nach jenem Stein suchend, der mich quält – der irgendwo verborgen im Schutte meiner Erinnerung liegen muss und aussieht wie ein Stück Fett.

Eine Regenröhre muss einst neben ihm auf der Erde gemündet haben, male ich mir aus – stumpfwinklig abgebogen, die Ränder von Rost zerfressen, – und trotzig will ich mir im Geiste ein solches Bild erzwingen, um meine aufgescheuchten Gedanken zu belügen und in Schlaf zu lullen.

Es gelingt mir nicht.

Immer wieder und immer wieder mit alberner Beharrlichkeit behauptet eine eigensinnige Stimme in meinem Innern – unermüdlich wie ein Fensterladen, den der Wind in regelmäßigen

Zwischenräumen an die Mauer schlagen lässt: es sei das ganz anders, das sei gar nicht der Stein, der wie Fett aussehe.

Und es ist von der Stimme nicht loszukommen.

Wenn ich hundertmal einwende, alles das sei doch ganz nebensächlich, so schweigt sie wohl eine kleine Weile, wacht aber dann unvermerkt wieder auf und beginnt hartnäckig von Neuem: gut, gut, schon recht, es ist aber doch nicht der Stein, der wie ein Stück Fett aussieht. –

Langsam beginnt sich meiner ein unerträgliches Gefühl von Hilflosigkeit zu bemächtigen.

Wie es weiter gekommen ist, weiß ich nicht. Habe ich freiwillig jeden Widerstand aufgegeben, oder haben sie mich überwältigt und geknebelt, meine Gedanken?

Ich weiß nur, mein Körper liegt schlafend im Bett, und meine Sinne sind losgetrennt und nicht mehr an ihn gebunden. –

Wer ist jetzt »ich«, will ich plötzlich fragen, da besinne ich mich, dass ich doch kein Organ mehr besitze, mit dem ich Fragen stellen könnte; dann fürchte ich, die dumme Stimme werde wieder aufwachen und von Neuem das endlose Verhör über den Stein und das Fett beginnen.

Und so wende ich mich ab.

Gustav Meyrink, Der Golem

AN DEN SCHLAF

O sanfter Duft der stillen Mitternacht,
Der zart und sorgsam unsre Augen schließt
Und schattend vor dem Lichte sie bewacht,
In Seelen göttliches Vergessen gießt.

O sanfter Schlaf! Schließ mir die willigen Lider,
Eh dieses Hymnus' letztes Wort verklingt,
Nein, hör das Amen erst, eh schläfernd nieder
Dein Mohn die süßen Gnadengaben bringt.

Dann hüte mich, sonst gießt der Tag sein Licht,
Vielfachen Jammer brütend, auf mein Kissen,
Behüte mich, denn ach, es schlummert nicht.

Das wie ein Maulwurf wühlende Gewissen;
Dreh flink den Schlüssel in geölten Riegeln,
Die meiner Seele Springbrunn sanft versiegeln.

John Keats

SCHLAF-MOHN

Abseits im Garten blüht der böse Schlaf,
in welchem die, die heimlich eingedrungen,
die Liebe fanden junger Spiegelungen,
die willig waren, offen und konkav,

und Träume, die mit aufgeregten Masken
auftraten, riesiger durch die Kothurne –:
das alles stockt in diesen oben flasken
weichlichen Stängeln, die die Samenurne

(nachdem sie lang, die Knospe abwärts tragend,
zu welken meinten) fest verschlossen heben:
gefranste Kelche auseinanderschlagend,
die fieberhaft das Mohngefäß umgeben.

Rainer Maria Rilke

AN DEN SCHLAF

Gott der Träume! Freund der Nacht!
Stifter sanfter Freuden!
Der den Schäfer glücklich macht,
Wann ihn Fürsten neiden!
Holder Morpheus! säume nicht,
Wann die Ruhe mir gebricht,
Aug' und Herz zu weiden.

Wann ein Eh'mann, voll Verdacht,
Seine Gattin quälet,
Und aus Eifersucht bei Nacht
Ihre Seufzer zählet,
Mach' im Schlaf sein Unglück wahr;
Zeig' ihm träumend die Gefahr,
Die ihm wachend fehlet!

Nimm auch jetzt was dir gehört;
Nur erlaub' ein Flehen:
Warte bis mein Glas geleert!
Wohl! es ist geschehen!
Komm nunmehr! O komme bald!
Eil' und lass mich die Gestalt
Meiner Phyllis sehen!

Friedrich von Hagedorn

Schläfrig hangen die sonnenmüden Blätter,
Alles schweigt im Walde, nur eine Biene
Summt dort an der Blüte mit mattem Eifer;
Sie auch ließ vom sommerlichen Getöne,
Eingeschlafen vielleicht im Schoß der Blume.
Hier, noch Frühlings, rauschte die muntre Quelle;
Still versiegend ist in die Luft zergangen
All ihr frisches Geplauder, helles Schimmern.
Traurig kahlt die Stätte, wo einst ein Quell floss;
Horchen muss ich noch dem gewohnten Rauschen,
Ich vermisse den Bach, wie liebe Grüße,
Die sonst fernher kamen, nun ausgeblieben.
Alles still, einschläfernd, des dichten Mooses
Sanft nachgiebige Schwellung ist so ruhlich;
Möge hier mich holder Schlummer beschleichen,
Mir die Schlüssel zu meinen Schätzen stehlen
Und die Waffen entwenden meines Zornes,
Dass die Seele, rings nach außen vergessend,
Sich in ihre Tiefen hinein erinnre.
Preisen will ich den Schlummer, bis er leise
Naht in diesem Dunkel und mir das Aug schließt.
Schlaf, du kindlicher Gott, du Gott der Kindheit!
Du Verjünger der Welt, die, dein entbehrend,
Rasch in wenig Stunden wäre gealtert.
Wundertätiger Freund, Erlöser des Herzens!
Rings umstellt und bewacht am hellen Tage
Ist das Herz in der Brust und unzugänglich
Für die leiseren Genien des Lebens,
Denn ihm wandeln voran auf allen Wegen
Die Gedanken, bewaffnet, als Liktoren,

Schreckend und verscheuchend lieblichen Zauber.
Aber in der Stille der Nacht, des Schlummers,
Wacht die Seele heimlich und lauscht wie Hero,
Bis verborgen ihr Gott ihr naht, herüber
Schwimmend durch das wallende Meer der Träume.

Eine Flöte klang mir im Schlaf zuweilen,
Wie ein Gesang der Urwelt, Sehnsucht weckend,
Dass ich süß erschüttert erwacht' in Tränen
Und noch lange hörte den Ruf der Heimat;
Bliebe davon ein Hauch in meinen Liedern!

Schlaf, melodischer Freund, woher die Flöte?
Ist sie ein Ast des Walds, durchhaucht vom Gotte,
Hört ich im Traum des heiligen Pan Syringe?

Nikolaus Lenau

DU SCHLÄFST

Du schläfst – so will ich leise flehen:
O schlafe sanft! und leise will ich gehen,
Dass dich nicht störe meiner Tritte Gang,
Dass du nicht hörest meiner Stimme Klang.

Theodor Storm

AN DEN SCHLAF

Der du mit deinem Mohne
Selbst Götteraugen zwingst
Und Bettler oft zum Throne,
Zum Mädchen Schäfer bringst,
Vernimm: Kein Traumgespinste
Verlang ich heut von dir.
Den größten deiner Dienste,
Geliebter, leiste mir.

An meines Mädchens Seite
Sitz ich, ihr Aug spricht Lust,
Und unter neid'scher Seide
Steigt fühlbar ihre Brust;
Oft hatte meinen Küssen
Sie Amor zugebracht,
Dies Glück muss ich vermissen,
Die strenge Mutter wacht.

Am Abend triffst du wieder
Mich dort, o tritt herein,
Sprüh Mohn von dem Gefieder,
Da schlaf die Mutter ein:
Bei blassem Lichterscheinen,
Von Lieb Annette warm
Sink, wie Mama in deinen,
In meinen gier'gen Arm.

Johann Wolfgang Goethe

HYAZINTHEN

Fern hallt Musik; doch hier ist stille Nacht,
Mit Schlummerduft anhauchen mich die Pflanzen:
Ich habe immer, immer dein gedacht;
Ich möchte schlafen, aber du musst tanzen.

Es hört nicht auf, es rast ohn Unterlass;
Die Kerzen brennen und die Geigen schreien,
Es teilen und es schließen sich die Reihen,
Und alle glühen; aber du bist blass.

Und du musst tanzen; fremde Arme schmiegen
Sich an dein Herz; o leide nicht Gewalt!
Ich seh dein weißes Kleid vorüberfliegen
Und deine leichte, zärtliche Gestalt. – –

Und süßer strömend quillt der Duft der Nacht
Und träumerischer aus dem Kelch der Pflanzen.
Ich habe immer, immer dein gedacht;
Ich möchte schlafen, aber du musst tanzen.

Theodor Storm

SCHLAFLOS

Aus Träumen in Ängsten bin ich erwacht;
Was singt doch die Lerche so tief in der Nacht!

Der Tag ist gegangen, der Morgen ist fern,
Aufs Kissen hernieder scheinen die Stern'.

Und immer hör ich den Lerchengesang;
O Stimme des Tages, mein Herz ist bang.

Theodor Storm

Schlafen, Schlafen, nichts, als Schlafen!
Kein Erwachen, keinen Traum!
Jener Wehen, die mich trafen,
Leisestes Erinnern kaum,
Dass ich, wenn des Lebens Fülle
Nieder klingt in meine Ruh',
Nur noch tiefer mich verhülle,
Fester zu die Augen tu'!

Friedrich Hebbel

HALBER SCHLAF

Die Finsternis raschelt wie ein Gewand,
Die Bäume torkeln am Himmelsrand.

Rette dich in das Herz der Nacht,
Grabe dich schnell in das Dunkele ein,
Wie in Waben. Mache dich klein,
Steige aus deinem Bette.

Etwas will über die Brücken,
Es scharret mit Hufen krumm,
Die Sterne erschraken so weiß.

Und der Mond wie ein Greis
Watschelt oben herum
Mit dem höckrigen Rücken.

Georg Heym

Tristram Shandys Schlafkapitel[1]

Könnte ich doch ein Kapitel über Schlaf schreiben.

Eine bessere Gelegenheit dazu als dieser Augenblick ist gar nicht denkbar – alle Bettvorhänge sind heruntergelassen – alle Lichter ausgelöscht – keines Sterblichen Auge blieb geöffnet außer ein einziges, – denn das andere war der Wärterin meiner Mutter schon vor 20 Jahren ausgelaufen.

Ein herrlicher Vorwurf!

Und doch wollte ich eher ein Dutzend Kapitel über Knopflöcher schreiben, und glänzender schreiben, als eines über den Schlaf.

Knopflöcher! In dem bloßen Gedanken daran liegt etwas Ermunterndes, und verlasst Euch darauf, Ihr Herren mit den großen Bärten, gerate ich einmal darüber, dann soll's lustig hergehen, mögt Ihr so ernst dazu sehen, wie Ihr wollt, – ich werde sie mir schon zu Gemüte ziehen – der Gegenstand hat etwas Jungfräuliches – ich riskiere da nicht auf anderer Leute Weisheit und schöne Redensarten zu stoßen.

Aber Schlaf! – daraus werde ich nichts machen, das weiß ich vorher, eh' ich anfange. – Erstens bin ich kein Freund von schönen Sentenzen, und dann könnt' ich um keinen Preis solch ein Thema feierlich behandeln und der Welt vorerzählen: er sei dem Unglücklichen eine Zuflucht, Freiheit dem Gefangenen, ein Ruhekissen dem Hoffnungslosen, Mühseligen und Betrübten; noch könnte ich gleich mit einer Lüge beginnen und beteuern, dass er von alle den angenehmen und köstlichen Verrichtungen unserer Natur, durch welche der große Schöpfer in seiner Güte die Leiden, so seine Gerechtigkeit und sein Belieben über uns verhängt hat, ein Gegengewicht geben wollte, die vorzüglichste sei (ich kenne zehnmal

---

[1]   Die kursiv gesetzten Überschriften wurden von der Herausgeberin hinzugefügt.

bessere), noch könnte ich entzückt verkündigen, wie glücklich ein Mensch zu achten sei, wenn er nach des Tages Angst und Unruhe sich auf den Rücken lege, und seine Seele, wohin sie immer blicke, den Himmel über sich so still und feierlich sähe, – von keiner Begierde, keiner Furcht und keinem Zweifel getrübt, während die Fantasie über jede Schwierigkeit, die vor dem Blicke aufsteige, sei es vergangene, gegenwärtige oder zukünftige, leicht dahingleite.

Gott segne den Mann, sagt Sancho Pansa, welcher das Ding, »Schlaf« genannt, zuerst erfand; es deckt einen zu wie ein Mantel! – Darin liegt etwas, das stärker zu meinem Herzen und Gefühl spricht, als alles, was sich gelehrte Köpfe über diesen Gegenstand ausgepresst haben.

Deshalb missachte ich nicht, was Montesquieu darüber sagt; es ist in seiner Art vortrefflich (ich zitiere aus dem Gedächtnis):

Man genießt den Schlaf, sagt er, wie andere Freuden wohl auch, ohne ihn zu schmecken und darauf zu achten, wie er verläuft und vor sich geht. Wir sollten ihn zum Gegenstande unserer Untersuchung und unseres Nachdenkens machen, um dankbarer zu werden gegen Ihn, der ihn uns gab. – Aus diesem Grunde lasse ich mich oft aus dem Schlafe wecken, so genieße ich ihn erst recht und besser. Doch gibt es, sagt er an einer andern Stelle, schwerlich viele, die, wenn's nötig ist, so wenig Schlaf bedürfen als ich: Mein Körper ist einer stetigen, aber keiner heftigen und plötzlichen Anstrengung fähig, – ich vermeide in letzterer Zeit alle anstrengenden Leibesübungen. – Gehen ermüdet mich nie, – aber von Jugend auf liebte ich nicht auf hartem Steinpflaster zu reiten. – Am liebsten schlafe ich hart und allein – selbst ohne mein Weib. – Dieser letztere Punkt könnte unwahrscheinlich erscheinen, doch erinnere man sich, wie Bayle (in dem Falle von Licetus) sagt: »La Vraisemblance n'est pas toujours du côté de la vérité.« So viel über den Schlaf.

Laurence Sterne, Tristram Shandy

AN DEN SCHLAF

Somne levis! quanquam certissima mortis imago,
Consortem cupio te tamen esse tori.
Alma quies, optata, veni! nam sic sine vita
Vivere, quam suave est, sic sine morte mori!

Schlaf! süßer Schlaf! obwohl dem Tod wie du nichts
       gleicht,
Auf diesem Lager doch willkommen heiß ich dich!
Denn ohne Leben so, wie lieblich lebt es sich!
So weit vom Sterben, ach, wie stirbt es sich so leicht!

Eduard Mörike

Hinüber wall ich,
Und jede Pein
Wird einst ein Stachel
Der Wollust sein.
Noch wenig Zeiten,
So bin ich los,
Und liege trunken
Der Lieb' im Schoß.
Unendliches Leben
Wogt mächtig in mir
Ich schaue von oben
Herunter nach dir.
An jenem Hügel
Verlischt dein Glanz –

Ein Schatten bringet
Den kühlenden Kranz.
O! sauge, Geliebter,
Gewaltig mich an,
Dass ich entschlummern
Und lieben kann.
Ich fühle des Todes
Verjüngende Flut,
Zu Balsam und Äther
Verwandelt mein Blut –
Ich lebe bei Tage
Voll Glauben und Mut
Und sterbe die Nächte
In heiliger Glut.

Novalis, aus der 4. Hymne an die Nacht

»Der Wächter des Schlafs«

–

Vom Wesen der Träume

DER TRÄUMER

I

Es war ein Traum in meiner Seele tief.
Ich horchte auf den holden Traum:
ich schlief.
Just ging ein Glück vorüber, als ich schlief,
und wie ich träumte, hört ich nicht:
es rief.

II

Träume scheinen mir wie Orchideen. –
So wie jene sind sie bunt und reich.
Aus dem Riesenstamm der Lebenssäfte
ziehn sie just wie jene ihre Kräfte,
brüsten sich mit dem ersaugten Blute,
freuen in der flüchtigen Minute,
in der nächsten sind sie tot und bleich. –
Und wenn Welten oben leise gehen,
fühlst du's dann nicht wie von Düften wehen?
Träume scheinen mir wie Orchideen. –

Rainer Maria Rilke

Traum und Traumgesicht

Die Unterscheidung zwischen dem Traume einerseits und dem
Traumgesichte andererseits ist nicht unwesentlich, und ich habe
sie auch in meinen anderen Büchern aufgestellt und klar dargelegt.
Da Dir aber sonst das Werk als unsystematisch und mit keinem ge-
hörigen Anfänge versehen erscheinen müsste, scheint es mir recht
angezeigt, wieder mit denselben Dingen den Anfang zu machen.
Es unterscheidet sich das Traumgesicht vom Traume dadurch, dass
jenes die Zukunft voraussagt, dieser die Gegenwart andeutet. Das
Folgende soll es Dir klarer beleuchten. Einige Gemütsaffekte sind
von der Beschaffenheit, dass sie im Schlafe zurückkehren, sich der
Seele in der alten Ordnung wieder darbieten und Traumbilder her-
vorrufen. So ist es z. B. ganz naturgemäß, wenn dem Verliebten
von einem Stelldichein mit seinem Lieblingsknaben träumt, der
Furchtsame die Ursachen seiner Befürchtungen schaut, der Hung-
rige wieder vom Essen, der Durstige vom Trinken und einer, der
sich den Magen überladen hat, vom Erbrechen oder Ersticken
träumt. Daraus lässt sich nun die Schlussfolgerung ziehen, dass Er-
scheinungen, deren Grundlage Affekte bilden, keine Vorherkündi-
gung der Zukunft, sondern nur eine Erinnerung an die Gegenwart
enthalten. Bei diesem Sachverhalte siehst Du also wohl ein, dass
die einen Affekte der Seele, die anderen dem Körper zukommen,
andere wiederum dem Körper und der Seele gemeinsam sind; z.
B., wenn der Verliebte von einem Zusammensein mit dem Lieb-
lingsknaben und der Kranke vom Heilverfahren und der Bespre-
chung mit Ärzten träumt. Denn solche Fälle haben gleichen Bezug
auf Körper und Seele. Dagegen sind Erbrechen, Schlaf und ande-
rerseits wieder Essen und Trinken ebenso dem Körper, wie Freude
und Kummer der Seele eigentümlich. Daraus geht denn klar her-

vor, dass man körperliche Zustände aus Mangel oder Übermaß, seelische hingegen aus Furcht oder Hoffnung schaut.

So viel sei also über den Traum bemerkt. In des Wortes eigentlicher Bedeutung aber schauen nicht alle Schlafenden, weil das Traumgesicht Schlafenden zukommt, sondern es beschränkt sich als bloßer Traum nur auf den Schlaf und verschwindet mit dem Weichen des Schlummers; dagegen wirkt das Traumgesicht als Traum insofern, als es zur Erkenntnis einer Vorherkündigung der Zukunft führt und durch deutliche Anweisungen, die es dem Schlafenden gibt, imstande ist, die Seele zu ermuntern und in Tätigkeit zu versetzen.

Artemidoros, Symbole der Träume

B : II

Du kennst die traumeswelt: du wirst verstehen ·
Mit tages tat werd ich dich nie bezwingen
Mit tages rat wirst du mich nie erringen
Der dichte wind der träume muss erst wehen

Sie wandeln · färben jedes ding im rund
Dass wir es in der echten form erkennen
Dass wir es mit dem wahren namen nennen ·
Doch was ertönen macht das ist dein mund.

Stefan George

SOKRATES ÜBER DEN TRAUM

SOKRATES. Weißt du, womit wir außerdem meiner Ansicht nach
   noch im Rückstand sind?

ADEIMANTOS. Womit denn?

SOKRATES. Mit der Erörterung der Begierden nach Art und Zahl;
   diese Aufgabe ist, wie mir scheint, von uns nicht zur Ge-
   nüge erledigt worden. Solange es damit nun noch mangel-
   haft bestellt ist, wird die Untersuchung, die wir uns jetzt
   zur Aufgabe gemacht haben, die rechte Klarheit vermis-
   sen lassen.

ADEIMANTOS. Soll ich sie also nicht noch einfordern, als unbe-
   zahlte Schuld?

SOKRATES. Ja, unbedingt. Und lass dir sagen, was ich an ihnen ins
   Auge fassen will. Es ist dies Folgendes. Von den nicht not-
   wendigen Begierden scheinen mir einige wider Gesetz und
   Ordnung zu sein; sie sind zwar vermutlich einem jeden
   angeboren; aber von den Gesetzen und den bessern Trie-
   ben im Bunde mit der Vernunft gehörig in Zucht gehalten,
   werden sie bei einigen Menschen entweder völlig ausge-
   trieben oder bleiben nur in geringer Zahl und schwach an
   Kraft zurück, bei anderen dagegen entwickeln sie sich zu
   umso größerer Kraft und Fülle.

ADEIMANTOS. Und was sind das für welche, die du dabei im Sinn
   hast?

SOKRATES. Diejenigen, die sich im Schlafe regen, wenn der an-
   dere Seelenteil, der vernünftige nämlich und gesittete und
   über jene herrschende, ruht, während der tierische und
   der Wildheit ergebene, mit Speise oder Trank gefüllt, sich
   vor Unbändigkeit nicht zu lassen weiß und den Schlaf ab-

schüttelnd loszustürmen und seinen Trieben zu frönen sucht. In solchem Zustand scheut er bekanntlich, bar und ledig jeglichen Schamgefühls und jeglicher Besinnung, wie er dann ist, vor nichts zurück. Denn er bedenkt sich keinen Augenblick, der eigenen Mutter, wie er wähnt, beizuwohnen oder irgendwelchem anderen Wesen, sei es Mensch, Gott oder Tier, und jede Blutschuld auf sich zu laden und jeder Speise zuzusprechen. Mit einem Wort: es gibt keine Unvernünftigkeit und keine Schamlosigkeit, auf die er sich nicht einlässt.

ADEIMANTOS. Das trifft durchaus zu.

SOKRATES. Wenn dagegen – so will mir scheinen – jemand in gesunder und besonnener Seelenverfassung sich zur Ruhe begibt, nachdem er den vernünftigen Teil seines Ich zur Tätigkeit angeregt und mit schönen Gedanken und Betrachtungen gesättigt und so seinen Geist zur denkenden Beschäftigung mit sich selbst geführt hat, den begehrlichen Teil dagegen weder dem Mangel noch der Übersättigung ausgesetzt hat, auf dass er Ruhe halte und dem besten Teil nicht etwa störend in den Weg trete durch den Ausbruch von Lust oder Schmerz, wenn er vielmehr dies sein Bestes völlig rein für sich der Betrachtung sich hingegeben und bestrebt sein lässt, etwas wahrzunehmen von dem, wovon er bisher noch kein sicheres Wissen besitzt, sei es etwas Vergangenes oder Gegenwärtiges oder Zukünftiges, und wenn er in gleicher Weise den zornesmutigen Teil besänftigt hat und nicht etwa nach heftigen Zornesauftritten mit anderen sich aufgeregten Gemütes schlafen legt, sondern nach Beruhigung der beiden anderen Teile und Anregung des dritten, also desjenigen, dem die Einsicht innewohnt, sich zur Ruhe begibt, so wird er in solchem Zustand, wie du dir selbst sagen wirst, am besten die Wahrheit erfassen und seine Traumerscheinungen werden am wenigsten sündhaft sein.

ADEIMANTOS. Das ist ganz, was auch ich meine.

SOKRATES. Wir sind damit allerdings etwas weiter gegangen, als unmittelbar nötig war; was wir uns klarmachen wollen, ist doch nur dies, dass einem jeden eine gefährliche, wilde und ordnungswidrige Art von Begierden innewohnt, selbst manchen unter uns, die vollständig tugendhaft zu sein scheinen, und dies gibt sich denn in den Träumen kund. (…)

Platon, Der Staat

Niemand kann das erträumen, was nicht in ihm bereits im Keime eingeschlossen liegt! Man erträumt nur seine eigenen Wirklichkeiten – – – seine idealen Möglichkeiten!

Peter Altenberg

Wir sind aus solchem Zeug, wie das zu Träumen,
Und Träume schlagen so die Augen auf
Wie kleine Kinder unter Kirschenbäumen,

Aus deren Krone den blassgoldnen Lauf
Der Vollmond anhebt durch die große Nacht.
… Nicht anders tauchen unsre Träume auf,

Sind da und leben wie ein Kind, das lacht,
Nicht minder groß im Auf- und Niederschweben
Als Vollmond, aus Baumkronen aufgewacht,

Das Innerste ist offen ihrem Weben;
Wie Geisterhände in versperrtem Raum
Sind sie in uns und haben immer Leben.

Und drei sind Eins: ein Mensch, ein Ding, ein Traum.

Hugo von Hofmannsthal

Aus Lichtenbergs Sudelbüchern

Dass einem (wenigstens mir) so oft träumt, man rede mit einem Verstorbenen von eben demselben als dem Verstorbenen, könnte von den ähnlichen Hemisphären des Gehirns herrühren, so wie man doppelt sieht, wenn man ein Auge drückt. Im Traum sind wir Narren, der Zepter fehlt, es hat mir oft geträumt, ich äße gekochtes Menschenfleisch. Von der Natur der Seele aus Träumen ist eine Materie, die des größten Psychologen würdig wäre.

*****

Es ließe sich ein philosophisches Traumbuch schreiben, man hat, wie es gemeiniglich geht, seine Altklugheit und Eifer die Traumdeutungen empfinden lassen, die eigentlich bloß gegen die Traumbücher hätte gewendet werden sollen. Ich weiß aus unleugbarer Erfahrung, dass Träume zu Selbst-Erkenntnis führen. Alle Empfindung, die von der Vernunft nicht gedeutet wird, ist stärker. Beweis das Brausen in den Ohren während des Schlafs, das bei Erwachen nur sehr schwach befunden wurde. Dass es mir alle Nacht von meiner Mutter träumt und dass ich meine Mutter in allem finde ist ein Zeichen, wie stark jene Brüche des Gehirns sein müssen, da sie sich gleich wieder herstellen, sobald das regierende Principium den Zepter niederlegt. Merkwürdig ist, dass einem zuweilen von Straßen der Vaterstadt träumt, man sieht besondere Häuser, die einen frappieren, bald darauf aber besinnt man sich und findet (wiewohl es falsch ist), es sei ehmals so gewesen.

*****

Ich empfehle Träume nochmals; wir leben und empfinden so gut im Traum als im Wachen und sind jenes so gut als dieses, es gehört mit unter die Vorzüge des Menschen, dass er träumt und es weiß. Man hat schwerlich noch den rechten Gebrauch davon gemacht. Der Traum ist ein Leben, das, mit unserm übrigen zusammengesetzt, das wird, was wir menschliches Leben nennen. Die Träume verlieren sich in unser Wachen allmählich herein, man kann nicht sagen, wo das Wachen eines Menschen anfängt.

>★★

Dass man solch närrisches Zeug träumt, wundert mich nicht, allein, dass man glaubt, man wäre es selbst, der so was täte und dächte, das wundert mich.

>★★

Wenn Leute ihre Träume aufrichtig erzählen wollten, da ließe sich der Charakter eher daraus erraten, als aus dem Gesicht.

>★★

Es ist merkwürdig in dem Sehen ohne Licht, dass das, was man sieht, wenn man die Augen im Dunkeln zuschließt, Anfänge zu Träumen werden können, bei wachender Vernunft ist die Folge ganz anders, als im Schlaf. Ich möchte wissen, ob die Tiere dümmer träumen, als sie im Wachen sind, ist dieses, so haben sie einen Grad von Vernunft.

Georg Christoph Lichtenberg, aus den Sudelbüchern

Morpheus, Phobetor und Phantasos

Aber der Vater, im Schwarme von Tausenden, die er gezeuget,
Rufet hervor den Künstler und Ähnlicher aller Gestaltung,
Morpheus. Nicht ist ein gewitzigter, nach dem Gebote
Auszudrücken den Gang, die Gebärd' und die Weise des Redens;
Kleidungen fügt er hinzu und die üblichsten Worte von jedem.
Nur in Gestalt der Menschen erscheint er. Aber der andre
Wird zu Gewild, wird Vogel und wird lang rollende Schlange.
Ikelos nennen ihn Götter, die Sterblichen alle Phobetor.
Noch ist dort ein Dritter von ganz verschiedenen Gaben,
Phantasos, welcher in Land, in Gestein, in Wasser, in Balken
Und was der Seel' entbehrt, mit glücklicher Leichtigkeit eingeht.
Diese zeigen ihr Antlitz den Königen und den Gebietern
Häufig bei Nacht, weil andre das Volk und die Bürger um-
schwärmen.

Ovid, Metamorphosen

Mercutio über den Traum

ROMEO. Ich hatte diese Nacht 'nen Traum.
MERCUTIO. Auch ich.
ROM. Was war der Eure?
MERC. Dass auf Träume sich
      Nichts bauen lässt, dass Träume öfters lügen.
ROM. Sie träumen Wahres, weil sie schlafend liegen.
MERC. Nun seh ich wohl, Frau Mab hat Euch besucht.
      Sie ist der Feenwelt Entbinderin.
      Sie kommt, nicht größer als der Edelstein
      Am Zeigefinger eines Aldermanns,
      Und fährt mit einem Spann von Sonnenstäubchen
      Den Schlafenden quer auf der Nase hin.
      Die Speichen sind gemacht aus Spinnenbeinen,
      Des Wagens Deck aus eines Heupferds Flügeln,
      Aus feinem Spinngewebe das Geschirr,
      Die Zügel aus des Mondes feuchtem Strahl;
      Aus Heimchenknochen ist der Peitsche Griff,
      Die Schnur aus Fasern; eine kleine Mücke
      Im grauen Mantel sitzt als Fuhrmann vorn,
      Nicht halb so groß als wie ein kleines Würmchen,
      Das in des Mädchens müß'gen Fingern nistet.
      Die Kutsch ist eine hohle Haselnuss,
      Vom Tischler Eichhorn oder Meister Wurm
      Zurechtgemacht, die seit uralten Zeiten
      Der Feen Wagner sind. In diesem Staat
      Trabt sie dann Nacht für Nacht; befährt das Hirn
      Verliebter, und sie träumen dann von Liebe;
      Des Schranzen Knie, der schnell von Reverenzen,
      Des Anwalts Finger, der von Sporteln gleich,
      Der Schönen Lippen, die von Küssen träumen

(Oft plagt die böse Mab mit Bläschen diese,
Weil ihren Odem Näscherei verdarb).
Bald trabt sie über eines Hofmanns Nase,
Dann wittert er im Traum sich Ämter aus.
Bald kitzelt sie mit eines Zinshahns Federn
Des Pfarrers Nase, wenn er schlafend liegt:
Von einer bessern Pfründe träumt er dann.
Bald fährt sie über des Soldaten Nacken:
Der träumt sofort vom Niedersäbeln, träumt
Von Breschen, Hinterhalten, Damaszenern,
Von manchem klaftertiefen Ehrentrunk;
Nun trommelt's ihm ins Ohr; da fährt er auf
Und flucht in seinem Schreck ein paar Gebete
Und schläft von Neuem. Ebendiese Mab
Verwirrt der Pferde Mähnen in der Nacht
Und flicht in strupp'ges Haar die Weichselzöpfe,
Die, wiederum entwirrt, auf Unglück deuten.
Dies ist die Hexe, welche Mädchen drückt,
Die auf dem Rücken ruhn, und ihnen lehrt,
Als Weiber einst die Männer zu ertragen.
Dies ist sie –

ROM. Still, o still, Mercutio!
Du sprichst von einem Nichts.

MERC. Wohl wahr, ich rede
Von Träumen, Kindern eines müß'gen Hirns,
von nichts als eitler Fantasie erzeugt,
Die aus so dünnem Stoff wie Luft besteht,
Und flücht'ger wechselt als der Wind, der bald
Um die erfrorne Brust des Nordens buhlt
Und, schnell erzürnt, hinweg von dannen schnaubend,
Die Stirn zum taubeträuften Süden kehrt.

William Shakespeare, Romeo und Julia

Gewisse Philosophen glauben, sich ohne den mindesten besorglichen Einspruch auf den Zustand des festen Schlafs berufen zu können, wenn sie die Wirklichkeit dunkler Vorstellungen beweisen wollen, da sich doch nichts weiter hievon mit Sicherheit sagen lässt, als dass wir uns im Wachen keiner von denjenigen erinnern, die wir im festen Schlaf etwa mochten gehabt haben, und daraus nur so viel folgt, dass sie beim Erwachen nicht klar vorgestellt worden, nicht aber, dass sie auch damals, als wir schliefen, dunkel waren. Ich vermute vielmehr, dass dieselbe klarer und ausgebreiteter sein mögen, als selbst die klarsten im Wachen; weil dieses bei der völligen Ruhe äußerer Sinne von einem so tätigen Wesen als die Seele ist, zu erwarten ist, wiewohl, da der Körper des Menschen zu der Zeit nicht mitempfunden ist, beim Erwachen die begleitende Idee desselben ermangelt, welche den vorigen Zustand der Gedanken, als zu eben derselben Person gehörig, zum Bewusstsein verhelfen könnte. Die Handlungen einiger Schlafwanderer, welche bisweilen in solchem Zustand mehr Verstand als sonst zeigen, ob sie gleich nichts davon beim Erwachen erinnern, bestätigt die Möglichkeit dessen, was ich vom festen Schlaf vermute. Die Träume dagegen, das ist, die Vorstellungen des Schlafenden, deren er sich beim Erwachen erinnert, gehören nicht hierher. Denn alsdenn schläft der Mensch nicht völlig; er empfindet in einem gewissen Grad klar und webt seine Geisteshandlungen in die Eindrücke der äußeren Sinne. Daher er sich ihrer zum Teil nachher erinnert, aber auch an ihnen lauter wilde und abgeschmackte Chimären antrifft, wie sie es denn notwendig sein müssen, da in ihnen Ideen der Fantasie und die der äußeren Empfindung untereinander geworfen wird.

Immanuel Kant, Träume eines Geistersehers

Die Träume sind vielleicht unsre höchste Philosophie, die Schlüsse
der Schwärmer sind für uns deswegen vielleicht unverständlich
und lückenvoll, weil wir es nicht begreifen, wie in ihnen Vernunft
und Gefühl vereinigt ist.

Ludwig Tieck, Geschichte des Herrn William Lovell

Träume, die in deinen Tiefen wallen,
aus dem Dunkel lass sie alle los.
Wie Fontänen sind sie, und sie fallen
Lichter und in Liederintervallen
Ihren Schalen wieder in den Schoß.

Und ich weiß jetzt: wie die Kinder werde.
Alle Angst ist nur ein Anbeginn;
aber ohne Ende ist die Erde,
und das Bangen ist nur die Gebärde,
und die Sehnsucht ist ihr Sinn –

Rainer Maria Rilke

Die Kindheit, und noch mehr ihre Schrecken als ihre Entzückungen, nehmen im Traum wieder Flügel und Schimmer an und spielen wie Johanniswürmchen in der kleinen Nacht der Seele. Zerdrückt uns diese flatternden Funken nicht! – Lasst uns sogar die dunkeln peinlichen Träume als hebende Halbschatten der Wirklichkeit! – Und womit will man uns die Träume ersetzen, die uns aus dem untern Getöse des Wasserfalls wegtragen in die stille Höhe der Kindheit, wo der Strom des Lebens noch in seiner kleinen Ebene schweigend und als ein Spiegel des Himmels seinen Abgründen entgegenzog.

Jean Paul, Rede des toten Christus
vom Weltgebäude herab, dass kein Gott sei

In dem Traum hört das Individuum auf, sich als dieses, ausschließend gegen die Gegenstände, zu wissen. Wachend bin ich für mich, und das andre ist ein Äußerliches und fest gegen mich, wie Ich gegen dasselbe. Als Äußerliches breitet sich das andre zu einem verständigen Zusammenhang und einem System von Verhältnissen aus, worin meine Einzelheit selbst ein Glied, eine damit zusammenhängende Einzelheit ist; – dies ist die Sphäre des Verstandes. Im Traum dagegen ist diese Trennung nicht. Der Geist hat aufgehört für sich gegen andres zu sein, und so hört überhaupt die Trennung des Äußerlichen und Einzelnen gegen seine Allgemeinheit und sein Wesen auf.

Georg Wilhelm Friedrich Hegel, Vorlesungen über
die Geschichte der Philosophie

Man mag sich stellen, wie man will, und man denkt sich immer sehend. Ich glaube, der Mensch träumt nur, damit er nicht aufhöre zu sehen. Es könnte wohl sein, dass das innere Licht einmal aus uns herausträte, sodass wir keines andern mehr bedürften.

Johann Wolfgang Goethe, Die Wahlverwandtschaften

TRÄUME

Du musst dich ganz deinen Träumen vertrauen
Und ihr heimlichstes Wesen erlernen,
Wie sie sich hoch in den flutenden blauen
Fernen verlieren gleich wehenden Sternen.
Und wenn sie in deine Nächte glänzen
Und Wunsch und Wille, Geschenk und Gefahr
Lächelnd verknüpfen zu flüchtigen Kränzen,
So nimm sie wie milde Blüten ins Haar.
Und schenke dich ganz ihrem leuchtenden Spiele:
In ihnen ist Wahrheit des ewigen Scheins,
Schöne Schatten all deiner Ziele
Rinnen sie einst mit den Taten in Eins.

Stefan Zweig

So ist der Schlaf oft ein Ausruhen in einer schöneren Welt; wenn die Seele sich von diesem Schauplatz hinwegwendet, so eilt sie nach jenem unbekannten magischen, auf welchem liebliche Lichter spielen und kein Leiden erscheinen darf: Dann dehnt der Geist seine großen Flügel auseinander und fühlt seine himmlische Freiheit, die Unbegrenztheit, die ihn nirgend beengt und quält. Beim Erwachen sehn wir oft zu voreilig mit Verachtung auf dieses schönere Dasein hin, weil wir unsre Träume nicht in unser Tagesleben hineinweben können, weil sie nicht da fortfahren, wo unsre Menschentätigkeit am Abend aufhörte, sondern ihre eigne Bahn wandelten.

Ludwig Tieck, Franz Sternbalds Wanderungen

Aristoteles sagt irgendwo: Wenn wir wachen, so haben wir eine gemeinschaftliche Welt, träumen wir aber, so hat ein jeder seine eigne. Mich dünkt, man sollte wohl den letzteren Satz umkehren und sagen können: Wenn von verschiedenen Menschen ein jeglicher seine eigene Welt hat, so ist zu vermuten, dass sie träumen.

Immanuel Kant, Träume eines Geistersehers

Doch vergiss es nicht, die Träume,
Sie erschaffen nicht die Wünsche,
Die vorhandnen wecken sie,
Und was jetzt verscheucht der Morgen,
Lag als Keim in dir verborgen.

Franz Grillparzer

Aus Freuds Traumdeutung

In gewissem Sinne sind alle Träume – Bequemlichkeitsträume; sie dienen der Absicht, den Schlaf fortzusetzen, anstatt zu erwachen. Der Traum ist der Wächter des Schlafes, nicht sein Störer.

*****

Wenn man die hier angezeigte Methode der Traumdeutung befolgt, findet man, dass der Traum wirklich einen Sinn hat und keineswegs der Ausdruck einer zerbröckelten Hirntätigkeit ist, wie die Autoren wollen. Nach vollendeter Deutungsarbeit lässt sich der Traum als eine Wunscherfüllung erkennen.

*****

Der Traum ist nicht vergleichbar dem unregelmäßigen Ertönen eines musikalischen Instruments, das anstatt von der Hand des Spielers, von dem Stoß einer äußeren Gewalt getroffen wird, er ist nicht sinnlos, nicht absurd, setzt nicht voraus, dass ein Teil unseres Vorstellungsschatzes schläft, während ein anderer zu erwachen beginnt. Er ist ein vollgültiges psychisches Phänomen, und zwar eine Wunscherfüllung; er ist einzureihen in den Zusammenhang der uns verständlichen seelischen Aktionen des Wachens; eine hoch komplizierte geistige Tätigkeit hat ihn aufgebaut.

>-

Wir bemerken jetzt, dass wir zu unserer Lehre von dem verborgenen Sinn des Traumes auch auf dem kürzesten Wege gelangt wären, wenn wir nur den Sprachgebrauch befragt hätten. Die Sprachweisheit redet zwar manchmal verächtlich genug vom Traum – man meint, sie wolle der Wissenschaft recht geben, wenn sie urteilt: Träume sind Schäume – aber für den Sprachgebrauch ist der Traum doch vorwiegend der holde Wunscherfüller. »Das hätt' ich mir in meinen kühnsten Träumen nicht vorgestellt«, ruft entzückt, wer in der Wirklichkeit seine Erwartungen übertroffen findet.

****

In das Nachtleben scheint verbannt, was einst im Wachen herrschte, als das psychische Leben noch jung und untüchtig war, etwa wie wir in der Kinderstube die abgelegten primitiven Waffen der erwachsenen Menschheit, Pfeil und Bogen, wiederfinden. Das Träumen ist ein Stück des überwundenen Kinderseelenlebens.

****

Wenn wir uns mit einem Minimum von völlig gesichertem Erkenntniszuwachs begnügen wollen, so werden wir sagen, der Traum beweist uns, dass das Unterdrückte auch beim normalen Menschen fortbesteht und psychischer Leistungen fähig bleibt. Der Traum ist selbst eine der Äußerungen dieses Unterdrückten; nach der Theorie ist er es in allen Fällen, nach der greifbaren Erfahrung wenigstens in einer großen Anzahl, welche die auffälligen Charaktere des Traumlebens gerade am deutlichsten zur Schau trägt. Das seelisch Unterdrückte, welches im Wachleben durch die gegensätzliche Erledigung der Widersprüche am Ausdruck gehindert und von der inneren Wahrnehmung abgeschnitten wurde, findet im Nachtleben und unter der Herrschaft der Kompromisshandlungen Mittel und Wege, sich dem Bewusstsein aufzudrängen.

Sigmund Freud, Die Traumdeutung

Wahnsinnige, verrückte Träume, die uns selbst im Traum doch
vernünftig vorkommen: die Seele setzt mit einem Alphabet, dass
sie noch nicht versteht, unsinnige Figuren zusammen, wie ein
Kind mit den 24 Buchstaben; es ist aber gar nicht gesagt, dass dies
Alphabet an und für sich unsinnig ist.

Friedrich Hebbel

WIE DUNKLE KIEFERNFORSTE ...

Wie dunkle Kiefernforste sind oft meine Träume,
Wo sich die Stämme innig aneinanderdrängen.
Dort blaut kein heller Frühlingstag. Die Zweige hängen
In stiller Trauer, voll von wundersamen Klängen
Wie lang vergessne Harfen sind dort alle Bäume.

Doch manchmal zittert mild ein Mondesglanz hernieder
Herab aus silberweißen weiten Himmelsfernen
Und schluchzt und sehnt sich wieder auf zu seinen Sternen ...

Dann horchen alle Bäume bebend hin und lernen
Von ihm die trauerdunklen, sehnsuchtsmüden Lieder.

Stefan Zweig

Jedes Körper- oder Welten-Reich wird endlich und enge und nichts, sobald ein Geisterreich gesetzt ist als dessen Träger und Meer. Dass aber ein Wille – folglich etwas Unendliches oder Unbestimmtes – durch die mechanische Bestimmtheit greift, sagen uns außer unserm Willen noch die Inschriften der beiden Pforten, welche uns in das und aus dem Leben führen; denn vor und nach dem irdischen Leben gibt es kein irdisches, aber doch ein Leben. Ferner sagt es der Traum, welchen wir als eine besondere freiere willkürliche Vereinigung der geistigen Welt mit der schweren, als einen Zustand, wo die Tore um den ganzen Horizont der Wirklichkeit die ganze Nacht offen stehen, ohne dass man weiß, welche fremde Gestalten dadurch einfliegen, niemals ohne einen gewissen Schauder bei andern kennen lernen.

Jean Paul, Vorschule der Ästhetik

Der Traum ist der beste Beweis dafür, dass wir nicht so fest in unsere Haut eingeschlossen sind, als es scheint.

Friedrich Hebbel

»Wie mit zauberischen Händen«

–

Ahnungen und Prophezeiungen

LÄUTERUNG

Wie mit zauberischen Händen
greifen Träume in mein Leben,
will ein Altes sich vollenden,
will ein Neues sich begeben …

Eine Flamme sah ich lodern
hoch und rein aus goldner Schale,
und die Flamme schien zu fodern:
wirf dein Leid in diese Schale!

Und anbetend hingezwungen
Fühlt' ich Gluten mich umfangen,
rauschend küssten ihre Zungen
Auge mir und Stirn und Wangen.

Und ich fühlte stumm vergehen
all mein Leid mit einem Male,
rauschend mich als Flamme wehen
selber in der goldnen Schale …

Wie mit zauberischen Händen
greifen Träume in mein Leben.
Will ein Altes sich vollenden?
will ein Neues sich begeben?

Richard Dehmel

TRÄUME

Vorgestern Nacht habe ich von zwei Mädchen geträumt,
die waren furchtbar kregel und aufgeräumt.
Die eine hatte einen schwarzen Bubikopf und die andre
      einen braunen,
und sie hatten einander so lieb, das war einfach zum
      Staunen.
Sie waren leicht gekleidet – glatt zum Erkälten,
und sie taten einander immer Gleiches mit Gleichem
      vergelten.
Ich erwachte. Was war das gewesen?
In meinem großen ägyptischen Traumbuch steht zu
      lesen:
»Glückliches Familienleben.«

Gestern habe ich von lauter Umhängebärten geträumt.
Die hatten alle ein Glas mit etwas, das schäumt.
Darauf stand: »Kochende Volksseele« – aber sie machten
      niemand nass,
und der Sturm blieb im Wasserglas.
Darauf kam ein Reichswehrgeneral mit einem
      Wehrpflichtprogramm;
da rissen sie alle die Knochen vor ihm zusamm'.
Ich erwachte. Was war das gewesen?
In meinem großen ägyptischen Traumbuch ist zu lesen:
»Ihnen steht eine Republik ins Haus.«

Heute Nacht habe ich von einem Mann geträumt,
der hatte sich seinen Talar schwarz-weiß-rot umsäumt.
Er rollte seine kleinen Kalmückenaugen und hackte auf
     mir herum –
ich stand hinter einer Schranke, und er redete laut und
     dumm.
Er sagte: »Was? Sie wollen über einen Generalfeldmar-
     schall etwas dichten?
Über diesen großen Mann hat nur die Geschichte zu
     richten!
Ich lasse den Saal räumen! Ruhe! Sind Sie Kommunist?
     Jetzt rede ich!
Ich nehme Sie in eine Ordnungsstrafe! Was denken Sie
     sich eigentlich! –«
Und da wollte ich meine Meinung nicht länger
     verstecken.
Ich sage:
»Herr«, sage ich, »... ....!«
Aber wie das so ist in der Welten Lauf –:
grade, wenn's am schönsten wird, dann wacht man auf.

Kurt Tucholsky

7359

Leise Musik beginnt. Wolken senken sich über den Hintergrund. Nach einer Weile teilen sich die Wolken, Fortuna wird sichtbar mit einem Füllhorn, daraus kommt die transparente Zahl 7359. – Der Schlaf der drei Gesellen wird unruhig. Die Wolken erheben sich wieder.

LEIM *sich nach und nach ermunternd.* Ah – ah – *Gähnt.* Das war ein kurioser Traum – 7359. – Wenn ich's nur nicht vergiss. – Ah, ich merk' mi's schon bis morgen. Will wieder schlafen. Es lasst mir keine Ruh', ich muss – He, Schneider! Schneider! – Der schlaft fest. – Landsmann!

ZWIRN *sich ermunternd.* Was is's denn?
LEIM. Hast keine Kreiden?
ZWIRN. Ich glaub' nit. – Zu was denn?
LEIM. Mir hat ein Numero traumt.
ZWIRN *ihm eine Kreide gebend.* Ein Numero hat dir traumt?
LEIM. Ja. Nr. 7359.
ZWIRN. Und mir hat auch ein Numero traumt – es war Nr. 7359.
LEIM. Was? Das nämliche Numero? – Bruder, das hat was zu bedeuten. Nur g'schwind aufg'schrieben. *Schreibt das Numero auf den Tisch.*
Es wird von außen stark geklopft.
STIMMEN *von außen.* Heda! Aufg'macht! Aufg'macht!

Siebenter Auftritt

VORIGE. HANNERL. SEPHERL. *Dann mehrere* MAURER, ZIM-
MERLEUTE, MARKTWEIBER *etc.*

HANNERL. Ich komm' schon!

Öffnet die Tür.

SEPHERL. Gar keine Ruh' hat man!

ZWIRN. Kellnerin! Bring Sie mir ein Spiegel und ein Kölnerwasser.

SEPHERL *aufräumend.* Vor drei Uhr kommt man in kein Bett, und
um halber Sechse soll man schon wieder auf'n Füßen sein.
Sie wischt das Numero aus.

LEIM. Unglückliche! Was hast du getan?

SEPHERL *erschrocken.* Was sein denn das für Dummheiten?

DIE EINTRETENDEN *haben Schnaps etc. verlangt, und setzen sich
an die Tische.*

LEIM. Schneider, da schau her, 's Numero hat sie ausg'wischt.

ZWIRN. Wär' nicht übel! – *Zu* SEPHERL. Sie ist eine unüberlegte
Person, ein von der Natur vernachlässigtes Geschöpf.

LEIM. Weißt du das Numero noch?

ZWIRN. Freilich weiß ich's. Schreib auf das Numero. Es war 87tau-
send –

LEIM. Das war's nicht.

HANNERL KNIERIEM *aufweckend.* Aber hör' der Herr, schlaft
man denn bis Mittag? Sieht er denn nicht, dass schon wie-
der Gäst' da sein?

KNIERIEM *sich halb im Schlaf erhebend, lallt.* Siebentausend –
dreihundert – neunundfufzig.

LEIM *schnell auf ihn losfahrend.* Brüderl, was hast g'sagt?

KNIERIEM. Mir war im Traum, als wenn in einem ganzen Ne-
bel von G'mischten – ist auf einmal erschienen – Nr. 7359.

LEIM. Nein, das geht nicht natürlich zu, alle drei den nämlichen Traum!

ZWIRN. Auf d' Letzt ist uns gar das Glück bestimmt.

LEIM. Wie können wir denn was g'winnen, wenn wir kein Los haben?

KNIERIEM. Wenn's Glück will, braucht man kein Los.

Johann Nestroy, Der böse Geist Lumpazivagabundus

Ein Traum, sagt man freilich wohl, ist nur ein Schaum; aber ein Schiffer hat mir doch einmal erzählt, dass es auf dem Meere einen gewissen kuriosen Schaum gebe, der ordentlich Sturm und Schiffbruch vorausprophezeie! – Könnt es denn nicht auch mit manchen Träumen dieselbe Bewandtnis haben?

Ludwig Tieck, Geschichte des Herrn William Lovell

TRAUMDEUTUNG

Gestern hatt' ich geträumt, mein Mädchen am Fenster zu sehen,
Doch was sah ich des Tags? Blumen der Lieblichen nur.
Heute nun war mir im Traum, als säh' ich am Fenster die Blumen,
Darum schau ich gewiss heute die Liebliche selbst.

Ludwig Uhland

Elis' Traum

Kaum hatte er sich, müde und matt, wie er war, hingestreckt auf
sein Lager, als der Traum über ihm seine Fittiche rührte. Es war
ihm, als schwämme er in einem schönen Schiff mit vollen Segeln
auf dem spiegelblanken Meer, und über ihm wölbe sich ein dunk-
ler Wolkenhimmel. Doch wie er nun in die Wellen hinabschaute,
erkannte er bald, dass das, was er für das Meer gehalten, eine feste
durchsichtige funkelnde Masse war, in deren Schimmer das ganze
Schiff auf wunderbare Weise zerfloss, sodass er auf dem Kristall-
boden stand und über sich ein Gewölbe von schwarz flimmern-
dem Gestein erblickte. Gestein war das nämlich, was er erst für
den Wolkenhimmel gehalten. Von unbekannter Macht fortgetrie-
ben, schritt er vorwärts, aber in dem Augenblick regte sich alles
um ihn her, und wie kräuselnde Wogen erhoben sich aus dem Bo-
den wunderbare Blumen und Pflanzen von blinkendem Metall, die
ihre Blüten und Blätter aus der tiefsten Tiefe emporrankten und
auf anmutige Weise ineinander verschlangen. Der Boden war so
klar, dass Elis die Wurzeln der Pflanzen deutlich erkennen konnte,
aber bald immer tiefer mit dem Blick eindringend, erblickte er
ganz unten – unzählige holde jungfräuliche Gestalten, die sich mit
weißen glänzenden Armen umschlungen hielten, und aus ihren
Herzen sprossten jene Wurzeln, jene Blumen und Pflanzen empor,
und wenn die Jungfrauen lächelten, ging ein süßer Wohllaut durch
das weite Gewölbe, und höher und freudiger schossen die wun-
derbaren Metallblüten empor. Ein unbeschreibliches Gefühl von
Schmerz und Wollust ergriff den Jüngling, eine Welt von Liebe,
Sehnsucht, brünstigem Verlangen ging auf in seinem Innern. »Hi-
nab – hinab zu euch«, rief er und warf sich mit ausgebreiteten Ar-
men auf den kristallenen Boden nieder. Aber der wich unter ihm,

und er schwebte wie in schimmerndem Äther. »Nun, Elis Frö-
bom, wie gefällt es dir in dieser Herrlichkeit?« – So rief eine starke
Stimme. Elis gewahrte neben sich den alten Bergmann, aber sowie
er ihn mehr und mehr anschaute, wurde er zur Riesengestalt, aus
glühendem Erz gegossen. Elis wollte sich entsetzen, aber in dem
Augenblick leuchtete es auf aus der Tiefe wie ein jäher Blitz, und
das ernste Antlitz einer mächtigen Frau wurde sichtbar. Elis fühlte,
wie das Entzücken in seiner Brust, immer steigend und steigend,
zur zermalmenden Angst wurde. Der Alte hatte ihn umfasst und
rief: »Nimm dich in Acht, Elis Fröbom, das ist die Königin, noch
magst du heraufschauen.« – Unwillkürlich drehte er das Haupt
und wurde gewahr, wie die Sterne des nächtlichen Himmels durch
eine Spalte des Gewölbes leuchteten. Eine sanfte Stimme rief wie
in trostlosem Weh seinen Namen. Es war die Stimme seiner Mut-
ter. Er glaubte ihre Gestalt zu schauen oben an der Spalte. Aber es
war ein holdes junges Weib, die ihre Hand tief hinabstreckte in das
Gewölbe und seinen Namen rief. »Trage mich empor«, rief er dem
Alten zu, »ich gehöre doch der Oberwelt an und ihrem freundli-
chen Himmel.« – »Nimm dich in Acht«, sprach der Alte dumpf,
»nimm dich in Acht, Fröbom! – Sei treu der Königin, der du dich
ergeben.« Sowie nun aber der Jüngling wieder hinabschaute in das
starre Antlitz der mächtigen Frau, fühlte er, dass sein Ich zerfloss
in dem glänzenden Gestein. Er kreischte auf in namenloser Angst
und erwachte aus dem wunderbaren Traum, dessen Wonne und
Entsetzen tief in seinem Innern widerklang.

E.T.A. Hoffmann, Die Bergwerke zu Falun

DASS TRÄUME NICHT ALLEMAL SCHÄUME SIND

Die Stoiker, dieser strenge moralische Orden, dessen Abgang der vortreffliche Präsident von Montesquieu als einen Verlust für das menschliche Geschlecht ansieht, hatten, unter andern Sonderlichkeiten, eine große Meinung von der Natur und Bestimmung der Träume. Sie trieben es so weit, dass sie sich die Mühe gaben, ebenso große Bücher über diese Materie zu schreiben, als diejenigen, womit die gelehrte Welt noch in unsern Tagen, von einigen weisen Mönchen über die erhabne Kunst, die Gespenster zu prüfen und zu bannen, beschenkt worden ist. Sie teilten die Träume in mancherlei Gattungen und Arten ein, wiesen ihnen ihre geheime Bedeutungen an, gaben den Schlüssel dazu, und trugen kein Bedenken, einige Arten derselben ganz zuversichtlich dem Einfluss derjenigen Geister zuzuschreiben, womit sie alle Teile der Natur reichlich bevölkert hatten. In der Tat scheinen sie sich in diesem Stück lediglich nach einem allgemeinen Glauben, der sich von jeher unter allen Völkern und Zeiten erhalten hat, gerichtet, und dasjenige in die Form einer schlussförmigen Theorie gebracht zu haben, was bei ihren Großmüttern ein sehr unsicheres Gemische von Tradition, Einbildung und Blödigkeit des Geistes gewesen sein möchte. Dem sei nun wie ihm wolle, so ist gewiss, dass wir zuweilen Träume haben, in denen so viel Zusammenhang, so viel Beziehung auf unsre vergangenen und gegenwärtigen Umstände, wiewohl allezeit mit einem kleinen Zusatz von Wunderbarem und Unbegreiflichem, anzutreffen ist; dass wir uns um jener Merkmale der Wahrheit willen geneigt finden, in diesem Letzteren etwas Geheimnisvolles und Vorbedeutendes zu suchen. Träume von dieser Art den Geistern außer uns, oder, wie die Pythagoräer taten, einer gewissen prophetischen Kraft und Divination unsrer Seele beizumessen, welche unter dem tiefen Schlummer der Sinne bessere Freiheit habe, sich zu entwickeln: So sinnreiche Auflösungen überlassen wir denjenigen, welche zum Besitz jener von Lucrez so enthusiastisch gepriesenen Glückseligkeit, die Ursachen der Dinge einzusehen, in einem volleren Maße gelangt sind als wir. Indessen haben wir uns doch zum Gesetz gemacht, den guten Rat unsrer Amme nicht zu verachten, welche uns, da wir noch das Glück ihrer einsichtsvollen Erziehung genossen, unter Anführung einer langen Reihe von Familienbeispielen, ernstlich zu vermahnen pflegte, die Warnungen und Fingerzeige der Träume ja nicht für gleichgültig anzusehen.

Christoph Martin Wieland, Geschichte des Agathon

Penelopes Traum

Aber höre den Traum und sage mir seine Bedeutung.
Zwanzig Gänse hab ich in meinem Hause, die fressen
Weizen, mit Wasser gemischt, und ich freue mich, wenn
    ich sie anseh.
Aber es kam ein großer und krumm geschnabelter Adler
Von dem Gebirg und brach den Gänsen die Hälse; getötet
Lagen sie all im Haus, und er flog in die heilige Luft auf.
Und ich begann zu weinen und schluchzt im Traume. Da
    kamen
Ringsumher, mich zu trösten, der Stadt schönlockige
    Frauen;
Aber ich jammerte laut, dass der Adler die Gänse getötet.
Plötzlich flog er zurück und saß auf dem Simse des
    Rauchfangs,
Wandte sich tröstend zu mir und sprach mit mensch-
    licher Stimme:
Tochter des fern berühmten Ikarios, fröhlichen Mutes!
Nicht ein Traum ist dieses, ein Göttergesicht, das dir Heil
    bringt.
Jene Gänse sind Freier, und ich war eben ein Adler;
Aber jetzo bin ich, dein Gatte, wiedergekommen,
Dass ich den Freiern allen ein schreckliches Ende bereite.
Also sprach der Adler. Der süße Schlummer verließ mich;
Eilend sah ich im Hause nach meinen Gänsen, und alle
Fraßen aus ihrem Troge den Weizen, so wie gewöhnlich.
Ihr antwortete drauf der erfindungsreiche Odysseus:
Fürstin, es wäre vergebens, nach einer anderen Deutung

Deines Traumes zu forschen. Dir sagte ja selber
  Odysseus,
Wie er ihn denkt zu erfüllen. Verderben drohet den
  Freiern
Allzumal, und keiner entrinnt dem Todesverhängnis.
Ihm antwortete drauf die kluge Penelopeia:
Fremdling, es gibt doch dunkle und erklärbare Träume,
Und nicht alle verkünden der Menschen künftiges
  Schicksal.
Denn es sind, wie man sagt, zwo Pforten der nichtigen
  Träume:
Eine von Elfenbein, die andre von Horne gebauet.
Welche nun aus der Pforte von Elfenbeine herausgehn,
Diese täuschen den Geist durch lügenhafte Verkündung;
Andere, die aus der Pforte von glattem Horne
  hervorgehn,
Deuten Wirklichkeit an, wenn sie den Menschen
  erscheinen.
Aber ich zweifle, ob dorther ein vorbedeutendes
  Traumbild
Zu mir kam. O wie herzlich erwünscht wär es mir und
  dem Sohne!

Homer, Odyssee

Wallensteins Grab

GRÄFIN. O meine Seele wird
       Schon lang von trüben Ahnungen geängstigt,
       Und wenn ich wachend sie bekämpft, sie fallen
       Mein banges Herz in düstern Träumen an.
       – Ich sah dich gestern Nacht mit deiner ersten
       Gemahlin, reich geputzt, zu Tische sitzen –
WALLENSTEIN. Das ist ein Traum erwünschter Vorbedeutung,
       Denn jene Heirat stiftete mein Glück.
GRÄFIN. Und heute träumte mir, ich suchte dich
       In deinem Zimmer auf – Wie ich hineintrat,
       So war's dein Zimmer nicht mehr, die Kartause
       Zu Gitschin war's, die du gestiftet hast,
       Und wo du willst, dass man dich hin begrabe.
WALLENSTEIN. Dein Geist ist nun einmal damit beschäftigt.
GRÄFIN. Wie? Glaubst du nicht, dass eine Warnungsstimme
       In Träumen vorbedeutend zu uns spricht?
WALLENSTEIN. Dergleichen Stimmen gibt's – Es ist kein Zweifel!
       Doch Warnungsstimmen möcht ich sie nicht nennen,
       Die nur das Unvermeidliche verkünden.
       Wie sich der Sonne Scheinbild in dem Dunstkreis
       Malt, eh sie kommt, so schreiten auch den großen
       Geschicken ihre Geister schon voran,
       Und in dem Heute wandelt schon das Morgen.

Friedrich Schiller, Wallensteins Tod

Achill träumt von Patroklos

Peleus' Sohn aber lag am stürmisch brausenden Meere,
Bitterlich seufzend, umringt von den myrmidonischen
      Scharen,
Dort, wo frei die plätschernden Wellen das Ufer
      umspülten.
Als nun der Schlaf ihn gepackt und, des Herzens
      Beschwernisse lösend,
Tief ihn umfing – denn es waren ermattet die glänzenden
      Glieder,
Während er Hektor verfolgte vor Ilios' luftiger Feste –,
Siehe, da nahte sich ihm des armen Patroklos Seele,
Ganz in der großen Gestalt und den strahlenden Augen
      ihm ähnlich,
Auch in der Stimme, den Körper umhüllt von den
      gleichen Gewändern,
Trat ihm zu Häupten und sprach ihn an und redete also:
Liegst du im Schlaf und hast du so ganz mich vergessen,
      Achilleus?
Wohl um den Lebenden warst du besorgt, doch nicht um
      den Toten.
Jetzt begrabe mich gleich, dass ich Hades' Tore durcheile;
Denn es verscheuchen mich weit die Seelen, der Schatten
      Gebilde,
Und erlauben mir nicht, sie über dem Strome zu treffen,
Sondern unstet irr' ich um Hades' geräumige Tore.
Gib mir drum die Hand; wehklagend sag' ich es; nimmer
Kehr' ich vom Hades zurück, sobald ich dem Brand
      übergeben.

Nie mehr werden wir lebend, von unseren Freunden
     gesondert,
Sitzen und Pläne beraten; mich hat das Geschick, das
     verhasste,
Eben verschlungen, das schon bei meiner Geburt mir
     bestimmt war.
Auch dir selbst ist beschieden, du göttergleicher
     Achilleus,
Unter der Mauer der wohlbegüterten Troer zu sterben.
Eines noch muss ich dir sagen und trag' es dir auf, so du
     hörest:
Lege doch nicht mein Gebein getrennt von dem deinen,
     Achilleus,
Sondern vereint, wie mit dir ich erwuchs in eurem Hause,
Seit Menoitios mich im kindlichen Alter aus Opus
Hatte zu eurem geführt infolge des schmählichen
     Mordes,
Damals, als ich den Sohn des Amphidamas hatte getötet,
Unbedacht, gegen mein Wollen, aus Zorn beim Spiele der
     Knöchel.
Damals empfing mich in seinem Palaste der reisige
     Peleus;
Sorgsam zog er mich auf und nannte mich deinen
     Gefährten:
So umschließe nun unser Gebein die nämliche Urne,
Doppelhenklig, aus Gold, die die göttliche Mutter dir
     schenkte.
Ihm erwiderte gleich der fußbeschwingte Achilleus:
Sprich, geliebtestes Haupt, warum du hierher gekommen
Und ans Herz das alles mir legst? Ich werde gewisslich

Alles genau dir erfüllen und deinem Gebote gehorchen.
Tritt nun näher, damit wir einander noch einmal
umarmen
Und, für ein Weilchen auch nur, uns erleichtern vom
traurigen Grame.
Also sprach er und streckte verlangend nach ihm seine
Hände,
Aber er haschte umsonst; wie Rauch verschwand in den
Boden
Schwirrend die Seele; da sprang bestürzt in die Höh' der
Pelide,
Schlug die Hände zusammen und rief mit jammernder
Stimme:
Ach, so gibt es fürwahr auch dort im Hause des Hades
Seele und Ebenbild, doch fehlt ihr gänzlich das Leben.
Stand doch während der Nacht des ärmsten Patroklos
Seele
Neben mir immer am Lager und jammerte, klagend und
weinend,
Trug so manches mir auf und glich zum Erstaunen ihm
selber.
Also sprach er und weckte in allen die leidvolle
Sehnsucht.

Homer, Ilias

Die Himmelsleiter

Aber Jakob zog aus von Beer-Seba und reiste gen Haran und kam an einen Ort, da blieb er über Nacht; denn die Sonne war untergegangen. Und er nahm einen Stein des Orts und legte ihn zu seinen Häupten und legte sich an dem Ort schlafen. Und ihm träumte; und siehe, eine Leiter stand auf der Erde, die rührte mit der Spitze an den Himmel, und siehe, die Engel Gottes stiegen daran auf und nieder; und der HERR stand oben darauf und sprach: Ich bin der HERR, Abrahams, deines Vaters, Gott und Isaaks Gott; das Land, darauf du liegst, will ich dir und deinem Samen geben. Und dein Same soll werden wie der Staub auf Erden, und du sollst ausgebreitet werden gegen Abend, Morgen, Mitternacht und Mittag; und durch dich und deinen Samen sollen alle Geschlechter auf Erden gesegnet werden. Und siehe, ich bin mit dir und will dich behüten, wo du hinziehst, und will dich wieder herbringen in dies Land. Denn ich will dich nicht lassen, bis dass ich tue alles, was ich dir geredet habe.

Da nun Jakob von seinem Schlaf aufwachte, sprach er: Gewiss ist der HERR an diesem Ort, und ich wusste es nicht; und fürchtete sich und sprach: Wie heilig ist diese Stätte! Hier ist nichts anderes als Gottes Haus, und hier ist die Pforte des Himmels.

Und Jakob stand des Morgens früh auf und nahm den Stein, den er zu seinen Häupten gelegt hatte, und richtete ihn auf zu einem Mal und goss Öl oben darauf und hieß die Stätte Beth-El; zuvor aber hieß die Stadt Lus.

Und Jakob tat ein Gelübde und sprach: So Gott wird mit mir sein und mich behüten auf dem Wege, den ich reise, und mir Brot zu essen geben und Kleider anzuziehen und mich in Frieden wieder heim zu meinem Vater bringen, so soll der HERR mein Gott sein; und dieser Stein, den ich aufgerichtet habe zu einem Mal, soll ein Gotteshaus werden; und von allem, was du mir gibst, will ich dir den Zehnten geben.

Die Bibel, Genesis 28,10–22

Hekabes Traum

Das weitere Los des Königs Laomedon und seiner Tochter Hesione ist schon von uns berichtet worden. Ihm folgte sein Sohn Priamos in der Regierung. Dieser vermählte sich in zweiter Ehe mit Hekabe oder Hekuba, der Tochter des phrygischen Königs Dymas. Ihr erster Sohn war Hektor. Als aber die Geburt ihres zweiten Kindes herannahte, da schaute Hekabe in einer dunkeln Nacht im Traum ein entsetzliches Gesicht. Ihr war, als gebäre sie einen Fackelbrand, der die ganze Stadt Troja in Flammen setze und zu Asche verbrenne. Erschrocken meldete sie diesen Traum ihrem Gemahl Priamos. Der ließ seinen Sohn aus erster Ehe, Aisakos mit Namen, kommen, welcher ein Wahrsager war und von seinem mütterlichen Großvater Merops die Kunst, Träume zu deuten, erlernt hatte. Aisakos erklärte, seine Stiefmutter Hekabe werde einen Sohn gebären, der seiner Vaterstadt zum Verderben gereichen müsse. Er riet daher, das Kind, das sie erwartete, auszusetzen. Wirklich gebar die Königin einen Sohn, und die Liebe zum Vaterland überwog bei ihr das Muttergefühl. Sie gestattete ihrem Gatten Priamos, das neugeborne Kind einem Sklaven zu geben, der es auf den Berg Ida tragen und daselbst aussetzen sollte. Der Knecht hieß Agelaos. Dieser tat, wie ihm befohlen war; aber eine Bärin reichte dem Säugling die Brust, und nach fünf Tagen fand der Sklave das Kind gesund und munter im Wald liegen. Jetzt hob er es auf, nahm es mit sich, erzog es auf seinem Äckerchen wie sein eigenes Kind und nannte den Knaben Paris.

Gustav Schwab, Sagen des klassischen Altertums

Josephs Traum

Die Geburt Christi war aber also getan. Als Maria, seine Mutter, dem Joseph vertraut war, fand sich's, ehe er sie heimholte, dass sie schwanger war von dem heiligen Geist.

Joseph aber, ihr Mann, war fromm und wollte sie nicht in Schande bringen, gedachte aber, sie heimlich zu verlassen.

Indem er aber also gedachte, siehe, da erschien ihm ein Engel des HERRN im Traum und sprach: Joseph, du Sohn Davids, fürchte dich nicht, Maria, dein Gemahl, zu dir zu nehmen; denn das in ihr geboren ist, das ist von dem heiligen Geist. Und sie wird einen Sohn gebären, des Namen sollst du Jesus heißen; denn er wird sein Volk selig machen von ihren Sünden. Das ist aber alles geschehen, auf dass erfüllt würde, was der HERR durch den Propheten gesagt hat, der da spricht: »Siehe, eine Jungfrau wird schwanger sein und einen Sohn gebären, und sie werden seinen Namen Immanuel heißen«, das ist verdolmetscht: Gott mit uns.

Da nun Joseph vom Schlaf erwachte, tat er, wie ihm des HERRN Engel befohlen hatte, und nahm sein Gemahl zu sich. Und er erkannte sie nicht, bis sie ihren ersten Sohn gebar; und hieß seinen Namen Jesus.

Die Bibel, Matthäus 1,18–25

Calpurnias Alptraum

DECIUS. Heil, Cäsar! Guten Morgen, würd'ger Cäsar!
    Ich komm, Euch abzuholen zum Senat.
CÄSAR. Und seid gekommen zur gelegnen Zeit,
    Den Senatoren meinen Gruß zu bringen.
    Sagt ihnen, dass ich heut nicht kommen will;
    Nicht kann, ist falsch; dass ich's nicht wag, falscher.
    Ich will nicht kommen heut, sagt ihnen das.
CALPURNIA. Sagt, er sei krank.
CÄS. Hilft Cäsar sich mit Lügen?
    Streckt ich so weit erobernd meinen Arm,
    Graubärten scheu die Wahrheit zu verkleiden?
    Geht, Decius! sagt nur: Cäsar will nicht kommen.
DEC. Lasst einen Grund mich wissen, großer Cäsar,
    Dass man mich nicht verlacht, wenn ich es sage.
CÄS. Der Grund ist nur mein Will; ich will nicht kommen.
    Das gnügt zu des Senats Befriedigung.
    Doch um euch insbesondere gnugzutun,
    Weil ich Euch liebe, will ich's Euch eröffnen.
    Calpurnia hier, mein Weib, hält mich zu Haus.
    Sie träumte diese Nacht, sie säh mein Bildnis,
    Das wie ein Springbrunn klares Blut vergoss
    Aus hundert Röhren; rüst'ge Römer kamen
    Und tauchten lächelnd ihre Hände drein.
    Dies legt sie aus als Warnungen und Zeichen
    Und Unglück, das uns droht, und hat mich kniend
    Gebeten, heute doch nicht auszugehn.

DEC. Ihr habt den Traum ganz irrig ausgelegt,
    Es war ein schönes, glückliches Gesicht.
    Eur Bildnis, Blut aus vielen Röhren spritzend,
    Worein so viele Römer lächelnd tauchten,
    Bedeutet, saugen werd aus Euch das große Rom
    Belebend Blut; und große Männer werden
    Nach Heiligtümern und nach Ehrenpfändern
    Sich drängen. Das bedeutet dieser Traum.
CÄS. Auf diese Art habt Ihr ihn wohl erklärt.
DEC. Ja, wenn Ihr erst gehört, was ich Euch melde.
    Wisst denn: an diesem Tag will der Senat
    Dem großen Cäsar eine Krone geben.
    Wenn Ihr nun sagen lasst, Ihr wollt nicht kommen,
    So kann es sie gereun. Auch ließ' es leicht
    Zum Spott sich wenden: jemand spräche wohl:
    »Verschiebt die Sitzung bis auf andre Zeit,
    Wenn Cäsars Gattin bessre Träume hat.«
    Wenn Cäsar sich versteckt, wird man nicht flüstern:
    »Seht, Cäsar fürchtet sich'«?
    Verzeiht mir, Cäsar, meine Herzensliebe
    Heißt dieses mich zu Eurem Vorteil sagen,
    Und Schicklichkeit steht meiner Liebe nach.
CÄS. Wie töricht scheint nun Eure Angst, Calpurnia!
    Ich schäme mich, dass ich ihr nachgegeben.
    Reicht mein Gewand mir her, denn ich will gehen.

William Shakespeare, Julius Cäsar

Die blaue Blume

Die Eltern lagen schon und schliefen, die Wanduhr schlug ihren einförmigen Takt, vor den klappernden Fenstern sauste der Wind; abwechselnd wurde die Stube hell von dem Schimmer des Mondes. Der Jüngling lag unruhig auf seinem Lager und gedachte des Fremden und seiner Erzählungen. Nicht die Schätze sind es, die ein so unaussprechliches Verlangen in mir geweckt haben, sagte er zu sich selbst; fern ab liegt mir alle Habsucht: aber die blaue Blume sehn' ich mich zu erblicken. Sie liegt mir unaufhörlich im Sinn, und ich kann nichts anders dichten und denken. So ist mir noch nie zumute gewesen: Es ist, als hätt' ich vorhin geträumt, oder ich wäre in eine andere Welt hinübergeschlummert; denn in der Welt, in der ich sonst lebte, wer hätte da sich um Blumen bekümmert, und gar von einer so seltsamen Leidenschaft für eine Blume hab' ich damals nie gehört. Wo eigentlich nur der Fremde herkam? Keiner von uns hat je einen ähnlichen Menschen gesehn; doch weiß ich nicht, warum nur ich von seinen Reden so ergriffen worden bin; die andern haben ja das Nämliche gehört, und keinem ist so etwas begegnet. Dass ich auch nicht einmal von meinem wunderlichen Zustande reden kann! Es ist mir oft so entzückend wohl, und nur dann, wenn ich die Blume nicht recht gegenwärtig habe, befällt mich so ein tiefes, inniges Treiben: Das kann und wird keiner verstehn. Ich glaubte, ich wäre wahnsinnig, wenn ich nicht so klar und hell sähe und dächte, mir ist seitdem alles viel bekannter. Ich hörte einst von alten Zeiten reden; wie da die Tiere und Bäume und Felsen mit den Menschen gesprochen hätten. Mir ist grade so, als wollten sie allaugenblicklich anfangen, und als könnte ich es ihnen ansehen, was sie mir sagen wollten. Es muss noch viel Worte geben, die ich nicht weiß: Wüsste ich mehr, so könnte ich viel besser alles begreifen.

Sonst tanzte ich gern; jetzt denke ich lieber nach der Musik. Der Jüngling verlor sich allmählich in süßen Fantasien und entschlummerte. Da träumte ihm erst von unabsehlichen Fernen und wilden, unbekannten Gegenden. Er wanderte über Meere mit unbegreiflicher Leichtigkeit; wunderliche Tiere sah er; er lebte mit mannigfaltigen Menschen, bald im Kriege, in wildem Getümmel, in stillen Hütten. Er geriet in Gefangenschaft und die schmählichste Not. Alle Empfindungen stiegen bis zu einer nie gekannten Höhe in ihm. Er durchlebte ein unendlich buntes Leben; starb und kam wieder, liebte bis zur höchsten Leidenschaft, und war dann wieder auf ewig von seiner Geliebten getrennt. Endlich gegen Morgen, wie draußen die Dämmerung anbrach, wurde es stiller in seiner Seele, klarer und bleibender wurden die Bilder. Es kam ihm vor, als ginge er in einem dunkeln Walde allein. Nur selten schimmerte der Tag durch das grüne Netz. Bald kam er vor eine Felsenschlucht, die bergan stieg. Er musste über bemooste Steine klettern, die ein ehemaliger Strom heruntergerissen hatte. Je höher er kam, desto lichter wurde der Wald. Endlich gelangte er zu einer kleinen Wiese, die am Hange des Berges lag. Hinter der Wiese erhob sich eine hohe Klippe, an deren Fuß er eine Öffnung erblickte, die der Anfang eines in den Felsen gehauenen Ganges zu sein schien. Der Gang führte ihn gemächlich eine Zeit lang eben fort, bis zu einer großen Weitung, aus der ihm schon von fern ein helles Licht entgegenglänzte. Wie er hineintrat, ward er einen mächtigen Strahl gewahr, der wie aus einem Springquell bis an die Decke des Gewölbes stieg, und oben in unzählige Funken zerstäubte, die sich unten in einem großen Becken sammelten; der Strahl glänzte wie entzündetes Gold; nicht das mindeste Geräusch war zu hören, eine heilige Stille umgab das herrliche Schauspiel. Er näherte sich dem Becken, das mit unendlichen Farben wogte und zitterte. Die Wände der Höhle waren mit dieser Flüssigkeit überzogen, die nicht heiß, sondern kühl war, und an den Wänden nur ein mattes, bläuliches Licht von sich warf. Er tauchte seine Hand in das Becken und benetzte seine Lippen. Es war, als durchdränge ihn ein geistiger Hauch, und er fühlte sich innigst gestärkt und erfrischt. Ein unwiderstehliches Verlangen ergriff ihn sich zu baden, er entkleidete sich und stieg in das Becken. Es dünkte ihn, als umflösse ihn eine Wolke des Abendrots; eine himmlische Empfindung überströmte sein Inneres; mit inniger Wollust strebten unzählbare Gedanken in ihm sich zu vermischen; neue, nie gesehene Bilder entstanden, die auch ineinanderflossen und zu sichtbaren Wesen um ihn wurden, und jede Welle des lieblichen Elements schmiegte sich wie ein zarter Busen an ihn. Die Flut schien eine Auflösung reizender Mädchen, die an dem Jünglinge sich augenblicklich verkörperten.

Berauscht von Entzücken und doch jedes Eindrucks bewusst, schwamm er gemach dem leuchtenden Strome nach, der aus dem Becken in den Felsen hineinfloss. Eine Art von süßem Schlummer befiel ihn, in welchem er unbeschreibliche Begebenheiten träumte, und woraus ihn eine andere Erleuchtung weckte. Er fand sich auf einem weichen Rasen am Rande einer Quelle, die in die Luft hinausquoll und sich darin zu verzehren schien. Dunkelblaue Felsen mit bunten Adern erhoben sich in einiger Entfernung; das Tageslicht, das ihn umgab, war heller und milder als das gewöhnliche, der Himmel war schwarz-blau und völlig rein. Was ihn aber mit voller Macht anzog, war eine hohe lichtblaue Blume, die zunächst an der Quelle stand, und ihn mit ihren breiten, glänzenden Blät-

tern berührte. Rund um sie her standen unzählige Blumen von
allen Farben, und der köstlichste Geruch erfüllte die Luft. Er sah
nichts als die blaue Blume, und betrachtete sie lange mit unnenn-
barer Zärtlichkeit. Endlich wollte er sich ihr nähern, als sie auf
einmal sich zu bewegen und zu verändern anfing; die Blätter wur-
den glänzender und schmiegten sich an den wachsenden Stängel,
die Blume neigte sich nach ihm zu, und die Blütenblätter zeigten
einen blauen ausgebreiteten Kragen, in welchem ein zartes Gesicht
schwebte. Sein süßes Staunen wuchs mit der sonderbaren Ver-
wandlung, als ihn plötzlich die Stimme seiner Mutter weckte, und
er sich in der elterlichen Stube fand, die schon die Morgensonne
vergoldete. Er war zu entzückt, um unwillig über diese Störung zu
sein; vielmehr bot er seiner Mutter freundlich guten Morgen und
erwiderte ihre herzliche Umarmung.

Novalis, Heinrich von Ofterdingen

DER SCHWERE TRAUM

Ich hab die Nacht geträumet
wohl einen schweren Traum,
es wuchs in meinem Garten
ein Rosmarienbaum.

Ein Kirchhof war der Garten,
ein Blumenbeet das Grab,
und von dem grünen Baume
fiel Kron und Blüte ab.

Die Blätter tät ich sammeln
in einen goldnen Krug,
der fiel mir aus den Händen,
dass er in Stücken schlug.

Draus sah ich Perlen rinnen
und Tröpflein rosenrot.
Was mag der Traum bedeuten?
Ach Liebster, bist du tot?

Deutsches Volkslied

PERLEN BEDEUTEN TRÄNEN

CLAUDIA. Aber, meine Kinder, eines tun, und das andere nicht
lassen! – Nun ist es hohe Zeit; nun mach', Emilia!

APPIANI. Was? meine gnädige Frau.

CLAUDIA. Sie wollen sie doch nicht so, Herr Graf, so wie sie da
ist, zum Altare führen?

APPIANI. Wahrlich, das wird' ich nun erst gewahr. – Wer kann
Sie sehen, Emilia, und auch auf Ihren Putz achten? – Und
warum nicht so, so wie sie da ist?

EMILIA. Nein, mein lieber Graf, nicht so; nicht ganz so. Aber
auch nicht viel prächtiger; nicht viel. – Husch, husch, und
ich bin fertig! – Nichts, gar nichts von dem Geschmeide,
dem letzten Geschenke Ihrer verschwendrischen Groß-
mut! Nichts, gar nichts, was sich nur zu solchem Ge-
schmeide schickte! – Ich könnte ihm gram sein, diesem
Geschmeide, wenn es nicht von Ihnen wäre. – Denn drei-
mal hat mir von ihm geträumet –

CLAUDIA. Nun! davon weiß ich ja nichts.

EMILIA. Als ob ich es trüge, und als ob plötzlich sich jeder Stein
desselben in eine Perle verwandle. – Perlen aber, meine
Mutter, Perlen bedeuten Tränen.

CLAUDIA. Kind! Die Bedeutung ist träumerischer als der Traum.
– Warest du nicht von je her eine größere Liebhaberin
von Perlen als von Steinen? –

EMILIA. Freilich, meine Mutter, freilich –

APPIANI *nachdenkend und schwermütig.* Bedeuten Tränen – be-
deuten Tränen!

Gotthold Ephraim Lessing, Emilia Galotti

DES ARMEN SUSCHENS TRAUM

Ich träumte, wie um Mitternacht
Mein Falscher mir erschien.
Fast schwür' ich, dass ich hell gewacht,
So hell erblickt' ich ihn.

Er zog den Treuring von der Hand
Und ach! zerbrach ihn mir.
Ein wasserhelles Perlenband
Warf er mir hin dafür.

D'rauf ging ich wohl ans Gartenbeet,
Zu schau'n mein Myrtenreis,
Das ich zum Kränzchen pflanzen tät,
Und pflegen tät mit Fleiß.

Da riss entzwei mein Perlenband,
Und eh ich's mich versah,
Entrollten all' in Erd' und Sand,
Und keine war mehr da.

Ich sucht' und sucht' in Angst und Schweiß,
Umsonst, umsonst! Da schien
Verwandelt mein geliebtes Reis
In dunkeln Rosmarin.

Erfüllt ist längst das Nachtgesicht,
Ach! längst erfüllt genau.
Das Traumbuch frag' ich weiter nicht,
Und keine weise Frau.

Nun brich, o Herz, der Ring ist hin!
Die Perlen sind geweint!
Statt Myrt' erwuchs dir Rosmarin!
Der Traum hat Tod gemeint.

Brich, armes Herz! Zur Totenkron'
Erwuchs dir Rosmarin.
Verweint sind deine Perlen schon,
Der Ring, der Ring ist hin!

Gottfried August Bürger

Der Traum vom Jüngsten Gericht

FRANZ. Bleib! Setz dich neben mich auf diesen Sofa – so – du bist
ein gescheuter Mann, ein guter Mann. Lass dir erzählen!

DANIEL. Itzt nicht, ein ander Mal! Ich will Euch zu Bette bringen,
Ruhe ist Euch besser.

FRANZ. Nein, ich bitte dich, lass dir erzählen, und lache mich derb
aus! – Siehe, mir deuchte, ich hätte ein königlich Mahl ge-
halten, und mein Herz wär guter Dinge, und ich läge be-
rauscht im Rasen des Schlossgartens, und plötzlich – es
war zur Stunde des Mittags – plötzlich, aber ich sage dir,
lache mich derb aus! –

DANIEL. Plötzlich?

FRANZ. Plötzlich traf ein ungeheurer Donner mein schlummern-
des Ohr, ich taumelte bebend auf, und siehe, da war mir's,
als säh ich aufflammen den ganzen Horizont in feuriger
Lohe, und Berge und Städte und Wälder, wie Wachs im
Ofen zerschmolzen, und eine heulende Windsbraut fegte
von hinnen Meer, Himmel und Erde – da erscholl's wie aus
ehernen Posaunen: Erde, gib deine Toten, gib deine Toten,
Meer! Und das nackte Gefild begonn zu kreißen, und auf-
zuwerfen Schädel und Rippen und Kinnbacken und Beine,
die sich zusammenzogen in menschliche Leiber, und da-
herströmten unübersehlich, ein lebendiger Sturm: Damals
sah ich aufwärts, und siehe, ich stand am Fuß des donnern-
den Sina, und über mir Gewimmel und unter mir, und
oben auf der Höhe des Bergs auf drei rauchenden Stühlen
drei Männer, vor deren Blick flohe die Kreatur –

DANIEL. Das ist ja das leibhaft Konterfei vom Jüngsten Tage.

FRANZ. Nicht wahr? Das ist tolles Gezeuge? – Da trat hervor einer,
anzusehen wie die Sternennacht, der hatte in seiner Hand
einen eisernen Siegelring, den hielt er zwischen Aufgang
und Niedergang und sprach: Ewig, heilig, gerecht, unver-
fälschbar! Es ist nur eine Wahrheit, es ist nur eine Tugend!
Wehe, wehe, wehe dem zweifelnden Wurme! – Da trat her-
vor ein Zweiter, der hatte in seiner Hand einen blitzenden
Spiegel, den hielt er zwischen Aufgang und Niedergang
und sprach: Dieser Spiegel ist Wahrheit; Heuchelei und
Larven bestehen nicht – da erschrak ich und alles Volk,
denn wir sahen Schlangen- und Tiger- und Leopardenge-
sichter zurückgeworfen aus dem entsetzlichen Spiegel. –
Da trat hervor ein Dritter, der hatte in seiner Hand eine
eherne Waage, die hielt er zwischen Aufgang und Nieder-
gang und sprach: Tretet herzu, ihr Kinder von Adam – ich
wäge die Gedanken in der Schale meines Zornes! Und die
Werke mit dem Gewicht meines Grimms! –

DANIEL. Gott erbarme sich meiner!

FRANZ. Schneebleich stunden alle, ängstlich klopfte die Erwar-
tung in jeglicher Brust. Da war mir's, als hört ich meinen
Namen zuerst genannt aus den Wettern des Berges, und
mein innerstes Mark gefror in mir, und meine Zähne klap-
perten laut. Schnell begonn die Waage zu klingen, zu don-
nern der Fels, und die Stunden zogen vorüber, eine nach
der andern an der links hangenden Schale, und eine nach
der andern warf eine Todsünde hinein –

DANIEL. O Gott vergeb Euch!

FRANZ. Das tat er nicht! – Die Schale wuchs zu einem Gebirge,
aber die andere, voll vom Blut der Versöhnung hielt sie

noch immer hoch in den Lüften – zuletzt kam ein alter Mann, schwer gebeuget von Gram, angebissen den Arm von wütendem Hunger, aller Augen wandten sich scheu vor dem Mann, ich kannte den Mann, er schnitt eine Locke von seinem silbernen Haupthaar, warf sie hinein in die Schale der Sünden, und siehe, sie sank, sank plötzlich zum Abgrund, und die Schale der Versöhnung flatterte hoch auf! – Da hört ich eine Stimme schallen aus dem Rauche des Felsen: Gnade, Gnade jedem Sünder der Erde und des Abgrunds! Du allein bist verworfen! – Tiefe Pause. Nun, warum lachst du nicht?

DANIEL. Kann ich lachen, wenn mir die Haut schaudert? Träume kommen von Gott.

FRANZ. Pfui doch, pfui doch! Sage das nicht! Heiß mich einen Narren, einen aberwitzigen, abgeschmackten Narren! Tu das, lieber Daniel, ich bitte dich drum, spotte mich tüchtig aus!

DANIEL. Träume kommen von Gott. Ich will für Euch beten.

FRANZ. Du lügst, sag ich – geh den Augenblick, lauf, spring, sieh, wo der Pastor bleibt, heiß ihn eilen, eilen, aber ich sage dir, du lügst.

DANIEL *im Abgehn.* Gott sei Euch gnädig!

FRANZ. Pöbelweisheit, Pöbelfurcht! – Es ist ja noch nicht ausgemacht, ob das Vergangene nicht vergangen ist, oder ein Auge findet über den Sternen – hum, hum! Wer raunte mir das ein? Rächet denn droben über den Sternen einer? – Nein, nein! – Ja, ja! Fürchterlich zischelts um mich: Richtet droben einer über den Sternen! Entgegengehen dem Rächer über den Sternen diese Nacht noch! Nein! sag ich – Elender Schlupfwinkel, hinter den sich deine Feigheit verstecken will – öd, einsam, taub ist's droben über den Sternen – wenn's aber doch etwas mehr wäre? Nein, nein, es ist nicht! Ich befehle, es ist nicht! Wenn's aber doch wäre? Weh dir, wenn's nachgezählt worden wäre! Wenn's dir vorgezählt würde diese Nacht noch! – Warum schaudert mir's so durch die Knochen? Sterben! Warum packt mich das Wort so? Rechenschaft geben dem Rächer droben über den Sternen – und wenn er gerecht ist, Waisen und Witwen, Unterdrückte, Geplagte heulen zu ihm auf, und wenn er gerecht ist? – Warum haben sie gelitten, warum hast du über sie triumphieret? –

Friedrich Schiller, Die Räuber

DAS REICH DER GEISTER

Es lag ein Wüterich auf goldnem Kissen,
Und schlief; da kamen fürchterliche Träume
Ihm ins Gemüt, gleich wilden Schlangenbissen:
Sie führten ihn in außerirdische Räume,
Vom Reich der Geister fühlt er sich umfangen,
Das ewig klar und ohne Wolkensäume:
Entsetzlich war ihm, was die Geister sangen,
Wie einst Tarquin vom Brutus ward vertrieben,
Und wie Hipparchos nicht dem Tod entgangen.
Und solche Frevler wagt man hier zu lieben,
So denkt er bei sich selbst, wo ist die Achtung
Für jeden Machtspruch, den ich ausgeschrieben?
Was will die Sonne hier, da längst Umnachtung
Ich übern Horizont der Welt verbreitet,
Wo jeder kniet vor mir in Selbstverachtung?
Und sieh, ein Mann mit hoher Stirne schreitet
Auf ihn heran und ruft: Bejammernswerter,
Welch Schreckensschicksal ist dir hier bereitet!
Hier herrscht die Freiheit stets in unbeschwerter
Gedankenruh, du kannst sie nicht verjagen,
Ohnmächtig sind hier alle deine Schwerter!
Doch will zuerst ich, wer ich sei, dir sagen:
Ich bin der große florentinische Dichter,
Nach dessen Staub du magst Ravenna fragen:
Ich war den Sündern meiner Zeit ein Richter;
Doch unter allen, welche schon verwesen,
Erreichte keiner dich und dein Gelichter!
Was wird man einst auf deinem Grabe lesen,

Der du zugleich Herodes gegen Kinder,
Und gegen Männer Ezzelin gewesen!
Ein Unterdrücker, nicht ein Überwinder;
Gezeugt von einer schauderbarn Lemure,
Und dann gepfropft noch auf den Stamm der Schinder!
Sohn eines Bankerts, Enkel einer Hure,
Vernimmst du nicht, dass alle dich begrüßen:
Rehabeam, wie steht's mit deinem Schwure?
Hier hast du nun die grause Schuld zu büßen:
Die Letzten selbst im Reich der Geister grollen
Dir ins Gesicht und treten dich mit Füßen!
Gehorsam wusste dir die Welt zu zollen:
Dort nannten Schurken dich sogar den Frommen,
Hier wär's Verbrechen, dir gehorchen wollen!
Wo sind die Sklaven alle hingekommen,
Die unterwürfig ihrem Herrn und Meister
Jedweden blutigen Frevel übernommen?
Hier gilt Gesetz, hier äußert sich in freister
Tatkraft die Tugend, die du hast gelogen:
Hier giltst du nichts, du bist im Reich der Geister.
Wie haben deine Schmeichler dich betrogen!
Nun wirst du (wer gedächte dich zu schonen?)
Zur ungeheuren Rechenschaft gezogen!
Vernimm! von allen jenen Millionen,
Die du gestürzt in Jammer und in Klage,
Die du geschleppt in fürchterliche Zonen,
Von allen, denen du verkürzt die Tage,
War jeder Mensch wie du, der Seelenwäger
Hat sie gewogen auf derselben Waage:
Bald stehn sie alle gegen dich, die Kläger,

Wann ihre Zähren sich zum Strom vermählen,
Aus dem du schöpfen sollst als Wasserträger!
Vom König Kodrus will ich dir erzählen,
Der in den Tod ging, um sein Volk zu retten:
Deins muss sich deinethalb zu Tode quälen!
Und noch auf Lorbeern wähnst du dich zu betten,
Wie deine Schmeichler dir es vorgeplaudert?
Tyrann, erstick in deinen eignen Ketten!
Er spricht's. Der Wüterich erwacht und schaudert.

August Graf von Platen

Und der Wert des Traums für die Kenntnis der Zukunft? Daran
ist natürlich nicht zu denken. Man möchte dafür einsetzen: für die
Kenntnis der Vergangenheit. Denn aus der Vergangenheit stammt
der Traum in jedem Sinne. Zwar entbehrt auch der alte Glaube,
dass der Traum uns die Zukunft zeigt, nicht völlig des Gehalts an
Wahrheit. Indem uns der Traum einen Wunsch als erfüllt vorstellt,
führt er uns allerdings in die Zukunft; aber diese vom Träumer für
gegenwärtig genommene Zukunft ist durch den unzerstörbaren
Wunsch zum Ebenbild jener Vergangenheit gestaltet.

Sigmund Freud, Die Traumdeutung

»Wo nur böse Engel hausen«

–

Dunkle Träume

ERLKÖNIG

Wer reitet so spät durch Nacht und Wind?
Es ist der Vater mit seinem Kind;
Er hat den Knaben wohl in dem Arm,
Er fasst ihn sicher, er hält ihn warm.

»Mein Sohn, was birgst du so bang dein Gesicht?«
»Siehst, Vater, du den Erlkönig nicht?
Den Erlenkönig mit Kron und Schweif?«
»Mein Sohn, es ist ein Nebelstreif.«

»Du liebes Kind, komm, geh mit mir!
Gar schöne Spiele spiel ich mit dir;
Manch bunte Blumen sind an dem Strand;
Meine Mutter hat manch gülden Gewand.«

»Mein Vater, mein Vater, und hörest du nicht,
Was Erlenkönig mir leise verspricht?«
»Sei ruhig, bleibe ruhig, mein Kind;
In dürren Blättern säuselt der Wind.«

»Willst, feiner Knabe, du mit mir gehn?
Meine Töchter sollen dich warten schön;
Meine Töchter führen den nächtlichen Reihn
Und wiegen und tanzen und singen dich ein.«

»Mein Vater, mein Vater, und siehst du nicht dort
Erlkönigs Töchter am düstern Ort?«
»Mein Sohn, mein Sohn, ich seh es genau:
Es scheinen die alten Weiden so grau.«

»Ich liebe dich, mich reizt deine schöne Gestalt;
Und bist du nicht willig, so brauch ich Gewalt.«
»Mein Vater, mein Vater, jetzt fasst er mich an!
Erlkönig hat mir ein Leids getan!«

Dem Vater grauset's, er reitet geschwind,
Er hält in Armen das ächzende Kind,
Erreicht den Hof mit Mühe und Not;
In seinen Armen das Kind war tot.

Johann Wolfgang Goethe

TRAUMLAND

Auf Pfaden, dunkel, voller Grausen,
Wo nur böse Engel hausen,
Wo ein Dämon, Nacht genannt,
Auf schwarzem Thron die Flügel spannt,
Aus letztem düsterm Thule fand
Ich jüngst erst her in dieses Land –
Aus Zauberreich, so wild und weit,
Fern von Raum, fern von Zeit.

Ewig bodenlose Schlünde,
Klüfte, Schlüfte ohne Gründe,
Unbegrenzte Wassermassen,
Die sich nie in Ufer fassen,
Wälder, die kein Ende nehmen,
Die – titanenhafte Schemen –
Tropfend stehn in Nebeltau,
Endlos wuchtend, endlos grau!
Berge, endlos niederfallend,
Meere, in kein Ufer wallend,
Meere, die urewig fluten,
Himmel, die urewig gluten,
Weiher, die unendlich breiten
Stummer Wasser Einsamkeiten,
Die in Tod und Stille liegen
Und den Schnee der Lilie wiegen.

Bei den Weihern, die da breiten
Stummer Wasser Einsamkeiten,

Die in Tod und Trauer liegen
Und den Schnee der Lilie wiegen;
Bei den Bergen, bei den Flüssen,
Die so ruhlos murmeln müssen;
Bei den Wäldern, bei den Sümpfen,
Wo bei schwarz verfaulten Stümpfen
Molch und Kröte lauernd schleichen;
Bei den Pfuhlen und den Teichen,
Wo gefräßige Dämonen
Gierig bei den Leichen wohnen;
Bei den trüben Sündenquellen,
Die in giftigen Dünsten schwellen –
Trifft der Wandrer voller Bangen
Alles, was schon lang vergangen:
Totenhemden, die sich blähen,
Schemen, die aus Schatten spähen,
Freunde, lang schon aus dem Leben,
Erd – und Himmel übergeben.

Für das Herz voll tausend Wehen
Ist es hier ein friedvoll Gehen –
Für den Geist, den Schatten bannt,
Ist's ein paradiesisch Land!
Doch wer wandert durch dies Grauen,
Wage niemals aufzuschauen,
Nie den schwachen Blick zu heben
In das Weben und das Beben,
Senke das bewimpert Lid,
Dass es kein Geheimnis sieht.
So des Königs Machtbefehle.
Und so darf die trübe Seele

Hier nur im Vorübergehen
Durch getrübte Gläser sehen.

Auf Pfaden, dunkel, voller Grausen,
Wo nur böse Engel hausen,
Wo ein Dämon, Nacht genannt,
Auf schwarzem Thron die Flügel spannt –
Aus jenem letzten Thule fand
Ich jüngst erst heim in dieses Land.

Edgar Allan Poe

Zwischen Nacht und frühem Tag
Zu mir kamen die bösen Träume,
Böse Träume, süße Träume,
Da ich wach und wehrlos lag.

Rissen der Liebe wild und zag
Allen Schleiertrug herunter.
Glut ging auf – ach, Ruh' ging unter
Zwischen Nacht und frühem Tag!

Paul Heyse

Wenn ich gedachte: Mein Bett soll mich trösten, mein Lager soll mir meinen Jammer erleichtern, so erschrecktest du mich mit Träumen und machtest mir Grauen durch Gesichte, dass meine Seele wünschte erstickt zu sein und meine Gebeine den Tod.

Die Bibel, Hiob 7,13–15

FRAGE

Bist du noch nie beim Morgenschein erwacht
Mit schwerem Herzen, traurig und beklommen,
Und wusstest nicht, wie du auch nachgedacht,
Woher ins Herz der Gram dir war gekommen?

Du fühltest nur: ein Traum war's in der Nacht;
Des Traumes Bilder waren dir verschwommen,
Doch hat nachwirkend ihre dunkle Macht
Dich, dass du weinen musstest, übernommen.

Hast du dich einst der Erdennacht entschwungen,
Und werden, wie du meinst, am hellen Tage
Verloren sein des Traums Erinnerungen:

Wer weiß, ob nicht so deine Schuld hienieden
Nachwirken wird als eine dunkle Klage
Und dort der Seele stören ihren Frieden?

Nikolaus Lenau

Nach einem bösen Traum sieht man, welchen Stoff zu einer Hölle ein bloßes Gehirn in sich aufbewahrt.

Jean Paul, Ideen-Gewimmel

DIE SPINNE

Meine Augen waren nächten aufgetan,
Starr im tiefen Traume, einem Riesenplan.

Eine Ebene war es unermesslich weit,
Und mein Auge sahe die Unendlichkeit.

War wie Blei so grau, war wie Blei so schwer,
Eine Riesenspinne lief darüber her.

Schwarze Klebefäden wob sie her und hin,
Blind, so schien mir, war die graue Weberin

In der Spinnewebe Maschen eingenetzt
Hingen Menschenherzen blutig und zerfetzt.

Otto Julius Bierbaum

Im Schlaf um Mitternacht

Von manchem Gesicht in Seelennot,
Von dem ersten Blick aus den Augen tödlich Getroffener,
Diesem ersten unbeschreiblichen Blick! –
Von den Toten, die mit ausgebreiteten Armen auf dem
     Rücken liegen,
Träume ich, träume ich
Im Schlaf um Mitternacht.

Von Wäldern, Feldern und Bergen,
Von sturmzerrissenen Wolken,
Vom Mond, der märchenhell schimmerte,
Wo wir die Schanzen und die Schanzkörbe aufwarfen
In schweigender Arbeit,
Träume ich, träume, träume …
Lange sind sie dahin,
Gesichter und Schanzen und Felder,
Wo ich im Schlachtgetümmel
Mit gelassener Ruhe zu den Verwundeten trat,
Und weg von den Toten.
Vorwärts eilte ich damals – doch jetzt erscheinen sie
     wieder zur Nachtzeit,
Wenn ich träume, träume, träume …

Walt Whitman

Effis Alptraum

Und nun entfernte sich Johanna; Effi aber ging auf ihr Bett zu und wickelte sich in ihre Decken.

Sie ließ das Licht brennen, weil sie gewillt war, nicht gleich einzuschlafen, vielmehr vorhatte, wie vorhin ihren Polterabend, so jetzt ihre Hochzeitsreise zu rekapitulieren und alles an sich vorüberziehen zu lassen. Aber es kam anders, wie sie gedacht, und als sie bis Verona war und nach dem Hause der Julia Capulet suchte, fielen ihr schon die Augen zu. Das Stümpfchen Licht in dem kleinen Silberleuchter brannte allmählich nieder, und nun flackerte es noch einmal auf und erlosch.

Effi schlief eine Weile ganz fest. Aber mit einem Male fuhr sie mit einem lauten Schrei aus ihrem Schlafe auf, ja, sie hörte selber noch den Aufschrei und auch, wie Rollo draußen anschlug; – »wau, wau« klang es den Flur entlang, dumpf und selber beinah ängstlich. Ihr war, als ob ihr das Herz stillstände; sie konnte nicht rufen, und in diesem Augenblicke huschte was an ihr vorbei, und die nach dem Flur hinausführende Tür sprang auf. Aber eben dieser Moment höchster Angst war auch der ihrer Befreiung, denn, statt etwas Schrecklichem, kam jetzt Rollo auf sie zu, suchte mit seinem Kopf nach ihrer Hand und legte sich, als er diese gefunden, auf den vor ihrem Bett ausgebreiteten Teppich nieder. Effi selber aber hatte mit der andern Hand dreimal auf den Knopf der Klingel gedrückt, und keine halbe Minute, so war Johanna da, barfüßig, den Rock über dem Arm und ein großes kariertes Tuch über Kopf und Schulter geschlagen.

»Gott sei Dank, Johanna, dass Sie da sind.«

»Was war denn, gnäd'ge Frau? Gnäd'ge Frau haben geträumt.«

»Ja, geträumt. Es muss so was gewesen sein … aber es war doch auch noch was anderes.«

»Was denn, gnäd'ge Frau?«

»Ich schlief ganz fest, und mit einem Male fuhr ich auf und schrie … vielleicht, dass es ein Alpdruck war … Alpdruck ist in unserer Familie, mein Papa hat es auch und ängstigt uns damit, und nur die Mama sagt immer, er solle sich nicht so gehen lassen; aber das ist leicht gesagt … ich fuhr also auf aus dem Schlaf und schrie, und als ich mich umsah, so gut es eben ging in dem Dunkel, da strich was an meinem Bett vorbei, gerade da, wo Sie jetzt stehen, Johanna, und dann war es weg. Und wenn ich mich recht frage, was es war …«

»Nun was denn, gnäd'ge Frau?«

»Und wenn ich mich recht frage … ich mag es nicht sagen, Johanna … aber ich glaube, der Chinese.«

»Der von oben?«, und Johanna versuchte zu lachen, »unser kleiner Chinese, den wir an die Stuhllehne geklebt haben, Christel und ich. Ach, gnäd'ge Frau haben geträumt, und wenn Sie schon wach waren, so war es doch alles noch aus dem Traum.«

»Ich würd es glauben. Aber es war genau derselbe Augenblick, wo Rollo draußen anschlug, der muss es also auch gesehen haben, und dann flog die Tür auf, und das gute, treue Tier sprang auf mich los, als ob es mich zu retten käme. Ach, meine liebe Johanna, es war entsetzlich. Und ich so allein, und so jung. Ach, wenn ich doch wen hier hätte, bei dem ich weinen könnte. Aber so weit von Hause … Ach, von Hause …«

»Der Herr kann jede Stunde kommen.«

»Nein, er soll nicht kommen; er soll mich so nicht sehen. Er würde mich vielleicht auslachen, und das könnt ich ihm nie verzeihen. Denn es war so furchtbar, Johanna … Sie müssen nun hierbleiben … Aber lassen Sie Christel schlafen und Friedrich auch. Es soll es keiner wissen.«

»Oder vielleicht kann ich auch die Frau Kruse holen; die schläft doch nicht, die sitzt die ganze Nacht da.«

»Nein, nein, die ist selber so was. Das mit dem schwarzen Huhn, das ist auch so was; die darf nicht kommen. Nein, Johanna, Sie bleiben allein hier. Und wie gut, dass Sie die Läden nur angelegt. Stoßen Sie sie auf, recht laut, dass ich einen Ton höre, einen menschlichen Ton … ich muss es so nennen, wenn es auch sonderbar klingt …, und dann machen Sie das Fenster ein wenig auf, dass ich Luft und Licht habe.«

Johanna tat, wie ihr geheißen, und Effi fiel in ihre Kissen zurück und bald danach in einen lethargischen Schlaf.

Theodor Fontane, Effi Briest

Mir träumt ich flog gar bange
Weit in die Welt hinaus,
Zu Straßburg durch alle Gassen,
Bis vor Feinsliebchens Haus.

Feinsliebchen ist betrübt,
Als ich so flieg und weint':
Wer dich so fliegen lehrt,
Das ist der böse Feind.

Feinsliebchen, was hilft hier lügen,
Da du doch alles weißt:
Wer mich so fliegen lehrt
Das ist der böse Geist.

Feinsliebchen weint und schreiet,
Dass ich am Schrei erwacht,
Da lieg ich ach in Augsburg
Gefangen auf der Wacht.

Und morgen muss ich hangen,
Feinslieb mich nicht mehr ruft,
Wohl morgen als ein Vogel
Schwank ich in freier Luft.

Justinus Kerner

TRAUMGEWALTEN

Der Traum war so wild, der Traum war so schaurig
So tief erschütternd, unendlich traurig.
Ich möchte gerne mir sagen:
Dass ich ja fest geschlafen hab,
Dass ich ja nicht geträumet hab,
Doch rinnen mir noch die Tränen herab,
Ich höre mein Herz noch schlagen.

Ich bin erwacht in banger Ermattung,
Ich finde mein Tuch durchnässt am Kissen,
Wie man's heimbringt von einer Bestattung;
Hab ich's im Traume hervorgerissen
Und mir getrocknet das Gesicht?
Ich weiß es nicht.
Doch waren sie da, die schlimmen Gäste,
Sie waren da zum nächtlichen Feste.

Ich schlief, mein Haus war preisgegeben,
Sie führten darin ein wüstes Leben.
Nun sind sie fort, die wilden Naturen;
In diesen Tränen find ich die Spuren,
Wie sie mir alles zusammengerüttet
Und über den Tisch den Wein geschüttet.

Nikolaus Lenau

TURPILL

Turpill, der reiche Filz, gab einmal, doch im Traum,
Ein königliches Mahl, und hatte fünfzig Gäste.
Aus Cypern war der Wein bei diesem Freudenfeste,
Der Schüsseln Menge fand nicht auf der Tafel Raum.
Zugleich sieht er sich selbst im besten Stutzerkleide.
Wie krümmt und quälet sich der ächzende Turpill!
Ihn wecken Geiz und Angst. Gleich schwört er tausend
     Eide,
Dass er, so lang er lebt, nicht wieder träumen will.

Friedrich von Hagedorn

DAS FIEBER

Alchimist: Wer bist du, trübes Ding im Glase hier, sag an.
Der Stoff in der Retorte: *Alter corvus sum.*

Es war einmal ein Mann, den verdross die Welt so sehr, dass er be-
schloss, im Bette liegen zu bleiben. Jedes Mal, wenn er aufwachte,
wälzte er sich auf die andere Seite, und so gelang es ihm, jedes Mal
noch ein bisschen weiterzuschlafen.

Aber eines Tages ging es durchaus nicht mehr.

Es ging nicht mehr und ging nicht mehr.

Da lag der Mann im Bette und blieb ganz unbeweglich, aus
Furcht, es werde ihn frösteln, wenn er eine Lage verändere.

Von seinem Kopfkissen aus war er gezwungen, durch das Fens-
ter ins Freie zu sehen, und eben jetzt, wo er ganz ausgeschlafen
hatte, ging es dem Sonnenuntergang zu.

Eine breite, goldgelbe Wunde klaffte quer über den Himmel
unter einem dunklen Wolkenkopf hervor.

»Es geht nicht an, gerade um diese unglückselige Stunde herum
aufzustehen«, sagte der Mann zähneklappernd, – und fürchtete
sich noch mehr vor dem Frösteln als vorher, – »auch für einen,
den das Leben nicht so verdrießt wie mich.«

Elend, stierte er wieder in das Abendgelb unter dem glimmen-
den Nebelsaum.

Eine schwarze Wolke hatte sich losgetrennt, wie ein geschwun-
gener Flügel geformt, mit befiedertem Rand.

Da kroch langsam im Hirn des Mannes – mit den flaumigen
Umrissen eines pelzigen Muffs – eine Erinnerung an einen Traum
aus ihrer Höhle heraus. An einen Traum von einem Raben, der ein
Herz ausgebrütet hatte.

Und die ganze Zeit seines Schlafes über hatte er sich mit diesem Traum herumgeschlagen. Dessen war sich der Mann jetzt deutlich bewusst.

Ich muss es herausbekommen, wem dieser Flügel gehört, sagte er, stieg im Hemde aus dem Bett – und die Treppe hinunter auf die Straße. Immer weiter ging er so, immer dem Sonnenuntergang zu.

Die Leute aber, denen er begegnete, raunten: »Pst, pst, leise, leise, er träumt doch das alles bloß!«

Nur der beeidete Hostienbäcker Vrieslander glaubte, sich einen Spaß machen zu dürfen. Er stellte sich ihm in den Weg, spitzte den Mund und machte runde Augen wie ein Fisch. Sein dünner Schneiderbart schien noch gespenstischer als sonst. Mit den magern Armen und Fingern machte er eine verrenkte sinnlose Geste und verdrehte die Beine ganz seltsam. »Ssst, ssst, nur gemach, hörst du«, flüsterte er dem Manne giftig zu, »ich bin das Kichern, weißt du, das Kich …«, und schnellte plötzlich das spitze Knie zur Brust empor, riss den Mund auf und wurde bleifarben im Gesicht, als habe ihn mitten in seiner tänzelnden Stellung der Tod ereilt.

Dem Manne im Hemde sträubte sich das Haar vor Grauen, und er lief aus der Stadt hinaus. – – – Über Wiesen und Stoppelfelder, immer dem Sonnenuntergange zu, und immer mit bloßen Füßen.

Zuweilen trat er auf einen nassen Frosch.

– – – – Erst in der Nacht, als sich längst der glühende Riss am Himmel wieder geschlossen, erreichte er die weiße, lang gestreckte Mauer, hinter der der Wolkenfittich verschwunden war.

Er setzte sich auf einen kleinen Hügel. Ich bin hier auf dem Friedhof, je nun, sagte er sich und sah um sich, je nun, das kann ein arger Kitsch werden. Aber ich muss doch erfahren, wem der Flügel eigentlich gehört!

Als die Nacht vorrückte, wurde ihr Schein allmählich heller, und der Mond kroch langsam über die Mauer. Eine gewisse Art dämmernden Erstaunens legte sich an den Himmel.

Wie der Mondglanz grell auf den Flächen schwamm, schlüpften hinter den Grabsteinen, an den Seiten, die dem Lichte abgewandt waren, blauschwarze Vögel aus der Erde und flogen lautlos in Scharen auf die kalkbetünchte Mauer.

Dann lag eine lange Zeit eine leichenhafte Unbeweglichkeit auf allem.

Es ist der dunkle Wald in der Ferne, der aus den Nebeln taucht, natürlich, und in der Mitte der runde Kopf: Das ist der Hügel mit seinen Bäumen, träumte der Mann im Hemde, doch als seine Augen schärfer sahen, da war es ein riesiger Rabe, der mit ausgespannten Schwingen auf der anderen Mauer saß.

Ah, der Flügel, – besann sich der Mann und war sehr zufriedengestellt, der Flügel – – – Und der Vogel brüstete sich: »Ich bin der Rabe, der die Herzen ausbrütet. Wenn einem Menschen ein Sprung am Herzen geschieht, so fahren sie ihn schnell heraus zu mir.«

Dann flog er von der Mauer herab auf einen Marmorstein, und der Wind von seinem Flügelschlag roch wie verwelkte Blumen.

Unter dem Marmorstein aber lag einer seit heute Morgen bei seiner Familie.

Der Mann im Hemde buchstabierte einen Namen und wurde sehr neugierig, was für ein Vogel aus diesem gesprungenen Herzen kriechen werde, denn der Verstorbene war ein bekannter Menschenfreund gewesen, hatte sein ganzes Leben für Aufklärung gewirkt, nur Gutes getan und gesprochen, die Bibel gereinigt und erhebende Bücher geschrieben. Seine Augen schlicht und ohne Falsch – wie Spiegeleier –, stets hatten sie Wohlwollen gestrahlt im Leben, und auch jetzt noch im Tode stand:

»Üb immer Treu und Redlichkeit
bis an dein kühles Grab
und weiche keinen Finger breit
vom Weg des Rechten ab«

in goldenen Lettern auf seiner Gruft.

Der Mann im Hemde war sehr gespannt. Aus dem Grabe drang leises Knistern, wie sich der junge Vogel aus dem Herzen löste, – und da flog's auch schon – pechschwarz – mit Gekrächz hinauf zu den andern auf die Mauer. –

»Das war aber doch wirklich vorauszusehen; – oder? Haben Eure Liebden vielleicht ein Rebhuhn erwartet?«, spottete der Rabe.

»Etwas Weißes hat er doch«, sagte der Mann verbissen und meinte damit eine leichte helle Feder, die deutlich abstand.

Der Rabe lachte. »Der Gänseflaum? – Der ist doch nur angeklebt. Vom Daunenkissen, worauf der Tote immer schlief!«, und weiter flog er von Grab zu Grab und brütete da und brütete dort, und überall wurde es flügge und kam – schwarz aus dem Boden geflattert.

»Alle, alle sind sie schwarz?«, fragte der Mann beklommen nach einer Weile.

»Alle, alle sind sie schwarz!«, brummte der Rabe.

Da bereute der Mann im Hemde, dass er nicht in seinem Bette geblieben war.

Und wie er empor zum Himmel blickte, standen die Sterne voll Tränen und blinzelten. Nur der Mond glotzte vor sich hin und begriff nicht.

Auf einem Kreuz aber saß mit einem Mal regungslos ein Rabe, der glänzte schneeweiß. Und es schien, als käme all der Schimmer der Nacht von ihm. Der Mann sah ihn erst an, als er zufällig den

Kopf nach ihm wandte. Auf dem Kreuz die Inschrift nannte den Namen eines, der war ein Müßiggänger gewesen ein Leben lang.

Der Mann im Hemde kannte ihn gut. Und er sann lang nach.

»Welche Tat hat denn sein Herz so weiß gemacht?«, fragte er endlich.

Der schwarze Rabe aber war mürrisch und mühte sich unablässig, über seinen eigenen Schatten zu springen.

»Welche Tat, welche Tat, welche Tat?«, quälte der Mann ruhelos.

Da fuhr der Rabe zornig auf: »Glaubst du, Taten können weiß machen? Du … Du … kannst ja nicht einmal eine Tat tun! – Eher spränge ich noch über meinen Schatten. Der morsche Hampelmann auf dem kleinen Grab – siehst du ihn? er gehörte einst dem Kinde dort unten – der morsche Hampelmann glaubte auch eine lange Zeit, er fuchtle in der Welt herum. Weil er die Schnüre nicht sah, an denen er hing, und es nicht wahrhaben wollte, dass ein Kind mit ihm spiele. Und du!? Und du!? Was glaubst du wohl, wird mit dir sein, wenn das – – ›Kind‹ ein anderes Spielzeug sucht! – Wirst alle viere von dir strecken und ver … –«, der Rabe blinzelte listig zur Mauer hin, – »und ver– – – –«

»– – – -recken!«, krächzte die Rabenschar, fröhlich, dass sie auch einmal drankam.

Da erschrak der Mann im Hemde ganz außerordentlich.

»Und was denn sonst hat sein Herz so weiß gemacht? Hörst du denn nicht, – was denn sonst hat sein Herz so weiß gemacht?«, fragte er.

Unschlüssig trat der Rabe von einem Bein aufs andere: »Es muss wohl die Sehnsucht gewesen sein. Die Sehnsucht nach etwas Verborgenem, das ich nicht kenne und auf der Erde nirgends gefunden habe. Wir alle sahen seine Sehnsucht wachsen wie ein

Feuer und begriffen es nicht; – es verbrannte sein Blut und endlich sein Hirn – – wir begriffen es nicht – –«.

Den Mann im Hemde fasste es eiskalt an: – – – – Es Schien Das Licht In Der Finsternis, Und Die Finsternisse Haben Es Nicht Begriffen – –!

– – – »ja, wir begriffen es nicht«, fuhr der Rabe fort, »doch einer der gigantischen schimmernden Vögel, die im Weltenraume unbeweglich schweben seit Anbeginn, erspähte die flammende Lohe und stieß herab. – Sie war wie Weißglut. Und Er hat auf jenes Menschen Herz gebrütet Nacht um Nacht.«

Scharfe Bilder traten dem Mann im Hemde vor das Auge, Bilder, die in seinem Gedächtnis nicht hatten sterben können, – Geschehnisse im Schicksal des Müßiggängers, die immer noch von Mund zu Mund gingen unter den Leuten: – Er sah jenen Menschen unter dem Galgen stehen – – der Henker zog ihm die leinene Maske übers Gesicht – – die Feder, die das Brett unter den Füßen des armen Sünders kippen sollte, weigerte sich, – da führten sie ihn weg und rückten das Brett zurecht.

Und wieder ordnete der Henker die leinene Maske – – und wieder versagte die Feder. Und als nach einem Monat abermals der Mensch dort stand, die leinene Maske über den Augen, – – da brach die Feder.

Die Richter aber ergrimmten und bissen die Zähne zusammen über – – den Zimmermann, der den Galgen so schlecht gezimmert hatte.

– – – – – – –

Dann verschwand die Vision. –

»Und was ist aus dem Menschen geworden?«, fragte voll Grauen der Mann im Hemde.

»Ich habe sein Fleisch gefressen und seine Gebeine, die Erde ist kleiner geworden um das Stück, das sein Leib groß war«, sagte der weiße Rabe.

»Ja, ja«, flüstere der schwarze, »sein Sarg ist leer, er hat das Grab betrogen.«

– – – Das hörte der Mann, und sein Haar sträubte sich, er zerriss sein Hemd über der Brust und lief hin zu dem weißen Vogel, der auf dem Kreuz saß: »Brüte mein Herz, brüte mein Herz! Mein Herz ist voll Sehnsucht – – –!«

Doch der schwarze Rabe warf ihn mit den Schwingen zur Erde und setzte sich schwer auf ihn – – die Luft roch nach sterbenden Blumen – – »Dass Euer Liebden nur nicht irren: Gier und nicht Sehnsucht schläft in Euer Liebden Herz! Ja, das möchte mancher gerne probieren vor dem Kre – – – –«, listig blinzelte er zur Mauer hin, »– vor dem Kre– – –?«

»– – – -pieren!«, pfiff die Rabenschar, entzückt, dass sie schon wieder drankam.

– »Die Hitze seines Leibes ist fremdartig und erregend wie das Fieber«, fühlte der Mann, dann zerflatterte sein Bewusstsein.

– – – – – – –

Als er nach langem Schlaf erwachte, da stand der Mond gerade im Zenit und starrte ihm ins Gesicht.

Der Glanz hatte die Schatten getrunken und troff an den Steinen herab von allen Seiten.

Die schwarzen Raben waren fortgeflogen.

Noch hatte der Mann ihr hämisches Gekrächz in den Ohren, und verdrossen stieg er über die Mauer in sein Bett.

Schon stand da auch im schwarzen Rock der Herr Medizinalrat, fasste seinen Puls, schloss die Augen hinter der goldenen Brille und babbelte lang und unhörbar mit der Unterlippe. Suchte dann umständlich in seinem Taschenbuch und schrieb auf einen Zettel heraus:

Rp:
Cort. chin. reg. rud. tus3ß
coque c. suff. quant. vini rubri, per horæmj
ad colat3viij
cum hac inf. herb. abs.3j
postea solve
acet. lix.3j
tunc adde
syr. cort. aur3ß
M.d. ad
vitr. s.

3-mal täglich ein Esslöffel.

Und als er damit fertig war, schritt er mit Weihe zur Türe, sah noch einmal zurück und sagte geheimnisvoll, den Zeigefinger würdig erhoben:

»Gögön das Fübör, gögön das Fübör.«

Gustav Meyrink, Des Deutschen Spießers Wunderhorn

Böser Traum

Was kannst du gegen Träume, Mensch, die tückisch
selbst auch den Männlichsten mit Engelshänden
oder mit Teufelsfäusten in den Himmel
samt Hölle seines Kinderglaubens führen?
In solchem Traum erschien mir heute Nacht
der böse Feind und sah mich furchtbar an.
Er hatte das Gesicht von einem Freunde,
mit dessen Weib ich einiger bin als er,
und setzte auf mein wehrlos Herz ein Messer
und sprach – nein, was er sprach, vergaß ich schon.
Er sah mit Wollust, wie die rostige Spitze
auf meiner Haut im Takte meiner Pulse
sich hob und senkte, sah mich gierig an.
Ich aber bohrte meine blauen Augen
in seine braunen tief empor und sagte:
Wenn du mich kenntest, zögertest du nicht.
Und als sein Blick in eins mit meinem sank
und bläulich wurde, dacht' ich: Wärst du nicht
der böse Feind, so müsstest du mich lieben,
ich habe dich von einer Last erlöst.
Was ich dir nahm, ist niemals dein gewesen;
was du mir nehmen kannst, war niemals mein.
Doch wenn du musst, so töte mich! mein Tod
wird dir viel weher tun als je mein Leben,
das keinem weher tat als mir. Wach auf!

Richard Dehmel

SCHWERER TRAUM

Ich lag an einem Birkenstamm
Und sah durchs grüne Schleierlicht,
Wie eine weiße Wolke schwamm
Im hohen Blau. Und ein Gedicht

Ward in mir. Leise sang mich's ein;
Ich schlief und lebte einen Traum:
Mir war's, ich war ein Kind, und klein
Stand neben mir der Birkenbaum.

So schmächtig zart; ich griff ein Blatt
Und blies darauf, da führte mich
Ein Sturm in eine große Stadt
Voll Lärm und Stöhnen fürchterlich.

Ein glühend Ungeheuer stand
Auf weitem Markt, und Dampf und Rauch
Spie aus sein Mund, und seine Hand
Riss alles her und riss mich auch.

Fraß alles Leben in sich ein,
Und alles Leben drängte sich
Zu ihm mit jammergellem Schrein;
So starb mit allem Leben ich.

Das war, den ich geträumt, der Traum.
Die weiße Wolke war nicht mehr,
Und über meinem Birkenbaum
Kroch wolkengrau ein Wetter her.

Otto Julius Bierbaum

HERÜBER ZOG EINE SCHWARZE NACHT

Herüber zog eine schwarze Nacht.
Die Föhren rauschten im Sturme;
Es hat das Wetter wild zerkracht
Die Kirche mit ihrem Turme.

Zerschmettert das Kreuz, zerdrückt der Altar,
Zermalmt das Gebein in den Särgen –
Die gotischen Bögen wälzen sich
Donnernd hinab von den Bergen.

Zum Dorfe stürzt sich Turm und Chor
Als wie zu einem Grabe –
Da fährt entsetzt vom Lager empor
Und spricht zur Mutter der Knabe:

»Ach Mutter, mir träumte ein Traum so schwer,
Das hat den Schlaf mir verdorben.
Ach Mutter, mir träumte, soeben wär
Der liebe Herrgott gestorben.«

Georg Weerth

DER TRAUM

Schlaf, Innozenz, schlaf wohl, und flöße
Ein sanfter Traum ins Herz dir Frieden.
Doch nein, der Schmerz, der dir beschieden,
Wächst fort im Schlaf zu wilder Größe.
Du bist tief krank; sollst du genesen,
Muss erst dein Leib im Sarg verwesen;
Nicht heilt der Brand, der dich verzehrt,
Weil er am Ewigen sich nährt.

Furchtbar zuweilen ist des Traumes Macht;
Er ängstigt, schmerzt, erschüttert, droht,
Und wenn der Schläfer nicht erwacht'
Im Augenblick, im nächsten wär er tot.
Hat man nicht oft den abends noch Gesunden
Des Morgens auf dem Lager tot gefunden?
Sein stilles Antlitz kann es euch nicht sagen,
Ob ihn ein böser Traum erschlagen?
Ein Traum kann Übermaß von Freude geben,

Daran das Herz nicht ward gewöhnt im Leben,
Und eilte nicht das Herz, sich selbst zu wecken,
Es stünde still in seinem Himmelsschrecken.

Solch banges oder frohes Traumgesicht
Ergreife dich mit zaubrischer Gewalt,
Und wenn dein Herz im höchsten Sturme wallt,
Dann, Innozenz, erwache nicht!

Noch wacht der Papst in späten Nachtgedanken:
Dem Gifthauch der Irrlehre preisgegeben
Seh ich das Christentum auf Erden schwanken,
Das Grundgestein der Kirche fühl ich beben.

Die Seele und der Mittelpuls, das Herz,
Der Christenwelt durchwärmend alle Adern,
Bin ich durch Gott; drum quält mich tiefster Schmerz,
Dass krank die Glieder mit dem Herzen hadern.
Wenn Luzifer sein Schwert stets wilder schwingt,
Und wenn es dem Verderber wo gelingt,
Ein Glied vom Leib der Kirche abzuschneiden,
Durchzuckt es mich, o Gott, mit welchen Leiden!
Mein Wachen, Sorgen, ruheloses Ringen,
Das Christentum zu halten und zu mehren,
Das Band des Glaubens um die Welt zu schlingen,
Die Welt im Strahl der Liebe zu verklären:
Dagegen stürmen rastlos böse Horden,
Sie wollen frech die Gotteseintracht morden.

Einsam hab ich in mancher dunkeln Nacht
Der Kirche kranken Atemzug bewacht,
Und ihren Fieberträumen muss ich lauschen;
Und näher hör ich ein Verhängnis rauschen.
Aus fernen Landen mir herübertönen
Die Ketzerstimmen, – wie sie lachen, höhnen!
O wie sie manches arme Herz verheeren!
Wie sie mit Wutgeschrei die Tempel stürmen!
Die Bilder fallen schmetternd von Altären,
Die Glocken stürzen schreiend von den Türmen.

O dunkle Nacht, vor Gott klag ich dich an,
Wenn du dich hüllend legst um ihre Bahn.

Ich liege hier, und die verderblich Schnellen
Sind auf, das Unheil durch die Welt zu tragen;
Ins weite Land hör ich den Reiter jagen,
Den Schwimmer hör ich rauschen durch die Wellen.
Allnächtlich stürzt er in den Strom und schwimmt,
Bis heimlich er den dunkeln Strand erklimmt;
Da harrt des Lehrers die betörte Schule
Und öffnet ihrem Liebling Schoß und Herz,
Wie einst am Hellespont des Griechen Buhle,
Bis ihn die Götter rissen abgrundwärts.

Wie ein gezücktes Schwert von ferne blitzt,
Ein Wetterstrahl die schwarze Wolke ritzt,
Hat ein Gedanke plötzlich mich erhellt:
Ich soll die Ketzer tilgen aus der Welt!
Wie manches blutverströmende Gefecht
Ward rühmlich für gekrönten Staub geschlagen,
Und soll mein Herz vor Schwert und Flamme zagen
Für Christi tief gekränktes ewges Recht?!

Zum Kirchenhaupte fühl ich mich erkoren
Von Gott dem Herrn; soll ich's geduldig leiden,
Wenn überall verbrecherische Toren
Die Welt von Gott versuchen abzuschneiden?
Wenn jeder lehrt den Glauben, den er dichtet?
Wenn ringsumher, Irrlehren auszuschenken,
Giftmischer ihre Buden aufgerichtet,
Die Welt mit süßem Heidentum zu tränken?

Schon tobt der wilde Rausch von Land zu Land,
Der Taumelbecher kreist von Hand zu Hand,
Ein jeder Wahn hat seinen Predigerorden
Und jede Missgeburt verrückter Träume.
Es ist die Welt ein Labyrinth geworden,
Ein Wald verderblicher Erkenntnisbäume.« –
So klagt der Papst in nächtlich dunkler Stille.
Der Blutgedanke stürmt an seinem Herzen,
Mit Glut und Schwert die Ketzer auszumerzen;
Noch weigert dem Gedanken sich der Wille.

Er sendet seinen Boten, tief bekümmert,
Nach in die Ferne segnend seinen Gruß;
In ihrer Treu sein letztes Hoffen schimmert,
Im Kampf zu siegen ohne Blutverguss.
Und müd von Arbeit, Seelenstreit und Kummer,
Ist Innozenz gesunken jetzt in Schlummer.

Doch wer da lebt, die Erde zu gestalten,
Kann drauf nicht lang und tiefe Ruhe halten;
Nur wessen Los, die Erde zu genießen,
Mag vor dem Tod die Augen fester schließen.
Ein böser Traum ergreift den Kummervollen
Und lässt von Bild zu Bild die Seele rollen:

Er hört im Traum ein banges Glockensummen,
Die Kirche lässt ihr letzt' Geläut verhallen,
Ihm dünkt die Welt von Christus abgefallen,
Er lauscht und weint – die Glocken, ach! verstummen;

So wie die Klänge leis und leiser beben,
Verzittert in den Tod das fromme Leben.
Das heilige Tau des Glaubens ist zerrissen,
Das diese Welt an ihren Gott gebunden,
Vom Nagetier dem Zweifel überwunden,
Vom Zahn der Höllenratte abgebissen.

Da liegt das Kreuz zersplittert und zerschlagen,
Und drüber hin sieht er den Satan jagen;
Und Satan überlässt, dem Herrn zum Spotte,
Die Welt ein Spielzeug seiner Höllenrotte.

Auf schwarzer Wiese tummeln sich die Schwärme
Mit Lust und Scherz und ungeschlachtem Lärme.
Sie spielen Ball, die Welt im Fluge braust,
Die Teufel schlagen sie von Faust zu Faust,
Und ihr entfährt auf ihren tollen Wegen
Ein Staubgewölke von den harten Schlägen
Und senkt zum schwarzen Grund sich ins Verderben,
Das sind die Seelen derer, die da sterben.

Und weiter treibt sein Traum zu neuer Qual
In ein verdüstert einsam Felsental;
Dort hört er plötzlich eine Stimme klingen,
Sie füllt sein Herz mit Leide zum Zerspringen:
»Bei euch verbleib ich bis ans End der Tage
Als Trauerblick und als verlorne Klage!«

Und jetzt der Traum mit ihm zum Strande schießt,
Dort an der Rhone liegt ein Mönch getötet,

Das bleiche Angesicht vom Blut gerötet,
Das aufs geneigte Haupt herniederfließt.
Vom Haupte des Erschlagnen rauscht empor
Ein Geier und umflattert ihn und kreischt:
»Gib mir zu trinken!«, rastlos ihm ins Ohr,
Wie er vom Araber Blutrache heischt,
Dem Haupte des erschlagnen Freunds entstiegen,
Indes die Rosse mit den Mördern fliegen.

Der Geierschrei hat Innozenz geweckt,
Er richtet sich empor und starrt erschreckt,
Ergossen ist durch seine Schlummerzelle
Wie Mondesdämmern eine sanfte Helle.
Da steht ein Mönch, das Haupt vorunter neigend,
Wie reisemüd, gedankenvoll und schweigend.
Und Innozenz erkennt Pierr', den Frommen,
Und ruft ihm zu: »O sei gegrüßt, willkommen!
So bist du schon zurück von deiner Sendung?
Und eilst, zu künden mir die frohe Wendung?

O Freund, wie gut, dass du gekommen bist,
Viel Arbeit harret dein zu dieser Frist.
Die Briefe dort und manche ernste Kunde
Vertrau ich deinen Händen, deinem Munde.
Gott segne dich mit seinem Gnadenlichte!
Wie steht's in der Provence? schnell berichte!«
Doch traurig schweigt der Mönch, als ob er weine,
Und ist verschwunden samt dem hellen Scheine. –

Nach schlimmer Nacht noch schlimmre Morgenstunde;
Fulcos Gesicht im heißen Zorneslicht
Herein wie eine Rachesonne bricht,
Er bringt dem Papst von jenem Mord die Kunde:

»Zur Kreuzfahrt, Vater! sprich dein Machtgebot!
In tausend Bannern lass die Rache flattern!
Schon schlagen sie dir die Legaten tot
Wie auf dem Waldweg giftgeschwollne Nattern!

Weil sie so gräulich sind zurückgefallen,
Will Christus rettend selbst zurücke wallen,
Er will noch einmal als Jehova schalten,
Ein zornig Blutgericht auf Erden halten.

Sei du sein Schwert und seine Zunge,
Sein Donner und sein Blitz zugleich
Und triff vor ihrem letzten Mördersprunge
Die Höllenkatze mit dem Todesstreich.
Die Häresie mit immer kühnern Sätzen
Springt durch die Welt; erwache deinen Pflichten!
Du fängst sie nimmermehr mit Liebesnetzen,
Soll sie zur Ruhe, musst du sie vernichten!«

So Fulco sprach, des Hasses Feuer schürend,
Der einst von Liebe sang so süß und rührend.

Er schweigt und harrt des Papstes Wort entgegen;
Doch dieser spricht erst seinen Morgensegen;
In seinen Zügen ist es fest und stille,
Wie Steingepräg' in jedem Zuge steht
Entschluss und unerschütterlicher Wille;
Und ausgesprochen hat er sein Gebet.

Von Innozenz wird Fulco angeblickt,
Dass der, so kühn er ist, ins Herz erschrickt.
Bezwungen ist er von der Macht des Bannes
Im Zornblick eines großen Mannes.
Es ist derselbe Blick, der schon so lang
Als Herr die Wirren einer Welt durchdrang,
Der tausend Feinde in den Staub gestochen,
Vor dem sich zitternd Könige verkrochen.

Nun spricht der Papst: »Ha! welcher Wahnsinn lieh
Dir seine Rede, dass du so vermessen
Des Amts mich mahnst, als hätt ich sein vergessen,
Zu züchtigen mit Macht die Häresie?

Als ich den schlimmen Mord durch dich vernommen
Stand mein Entschluss geharnischt und in Waffen,
Zur Tat bereit, ganz fertig und vollkommen:
Die Ketzer von der Erde fortzuschaffen.
Getötet haben sie den Friedensboten
Und also selbst zerhaun den finstern Knoten.«

Nikolaus Lenau

Lass mich einmal eine Nacht
Ohne böse Träume schlafen,
Der du mich aufs Meer gebracht:
Führ mich in den lichten Hafen!

Wo die großen Schiffe ruhn,
Wo die Lauten silbern klingen,
Wo auf weißen, seidnen Schuhn
Heilige Kellnerinnen springen.

Wo es keine Ausfahrt gibt,
Wo wir alle jene trafen,
Die wir himmlisch einst geliebt –
Lass mich schlafen … lass mich schlafen …

Klabund

Den bängsten Traum begleitet
Ein heimliches Gefühl,
Dass Alles Nichts bedeutet,
Und wär' uns noch so schwül.
Da spielt in unser Weinen
Ein Lächeln hold hinein,
Ich aber möchte meinen,
So sollt' es immer sein!

Friedrich Hebbel

»Ich träume so leise von dir«

–

Liebesträume

43. Sonett

Schließt sich mein Aug, am besten sieht es dann,
Tags schaut es nichts, was ihm von Wichtigkeit;
Doch wenn ich schlafe, sieht's im Traum dich an,
Und dunkler Strahl durchstrahlt die Dunkelheit.

Wenn schon dein Schatten Schatten leuchten macht,
Welch heitern Schein gäb deines Schattens Schein
Dem hellen Tag mit deiner hellern Pracht,
Kann er geschlossnem Aug solch Licht verleihn!

Ich sag: wie würde froh mein Auge sein,
Schaut' es dich in lebendgem Tageslicht,
Wenn schon in toter Nacht dein Schattenschein
Durchs schlummerschwere blinde Auge bricht.

Tag ist mir Nacht, bevor ich dich erspähe,
Nacht lichter Tag, wenn ich im Traum dich sehe.

William Shakespeare

XLIII

Mein auge sieht am besten · schliesst es sich ·
Da es sich tags an nichtige dinge wendet.
Doch · schlaf ich · blickt in träumen es auf dich ·
Ist nächtig-hell · hell in die nacht gesendet.

Denn du · des schatten hell durch schatten bricht ·
Wie machte deines schattens form erst froh
Den klaren tag durch dein viel klarer licht ·
Glänzt schon geschlossnem aug dein schatten so!

Wie · sag ich · wär des auges glück erst gross
Wenn es dich sähe im lebendigen tag ·
Da schon in toter nacht dein schatten bloss
Durch schweren schlaf vor blinden augen lag.

Tag ist wie nacht zu sehn eh ich dich sah ·
Nacht heller tag · bringt dich der traum mir nah.

Stefan George, Shakespeare. Sonnette

Mir träumte einst von wildem Liebesglühn,
Von hübschen Locken, Myrten und Resede,
Von süßen Lippen und von bittrer Rede,
Von düstrer Lieder düstern Melodien.

Verblichen und verweht sind längst die Träume,
Verweht ist gar mein liebstes Traumgebild'!
Geblieben ist mir nur, was glutenwild
Ich einst gegossen hab in weiche Reime.

Du bliebst, verwaistes Lied! Verweh jetzt auch,
Und such das Traumbild, das mir längst entschwunden,
Und grüß es mir, wenn du es aufgefunden –
Dem luft'gen Schatten send ich luft'gen Hauch.

Heinrich Heine

DIE LIEBE EIN TRAUM

Ein letzter Kuss streift ihre Wimpern, und
Ermattet von der Lust schließt sie die schönen,
Die müden Augen, atmet tief – und schläft.
Schon hebt sich leicht die Brust,
Senkt leicht sich
Dem Traum entgegen
Wie Mond dem Meer,
Wie Welle sich an Welle schmiegt
Und fällt
Und steigt.
Ich rühr mich kaum, damit ich sie nicht wecke,
Doch wie ihr leiser Atem mich
Wie Mohnduft trifft,
Bin ich entzündet und vom stummen Glanz der Glieder
Entflammt.
Ich neige mich zu ihr und liebe sanft
Die Schlafende, die einmal nur im Traum
Wie eine Taube
Verschlafen gurrt
Und seufzt. –
Sie träumt
Vielleicht,
Dass ich sie liebe …

Klabund

FRÜHLINGSTRAUM

Ich träumte von bunten Blumen,
So wie sie wohl blühen im Mai,
Ich träumte von grünen Wiesen,
Von lustigem Vogelgeschrei.

Und als die Hähne krähten,
Da ward mein Auge wach;
Da war es kalt und finster,
Es schrieen die Raben vom Dach.

Doch an den Fensterscheiben
Wer malte die Blätter da?
Ihr lacht wohl über den Träumer,
Der Blumen im Winter sah?

Ich träumte von Lieb' um Liebe,
Von einer schönen Maid,
Von Herzen und von Küssen,
Von Wonn' und Seligkeit.

Und als die Hähne krähten,
Da ward mein Herze wach;
Nun sitz' ich hier alleine
Und denke dem Traume nach.

Die Augen schließ' ich wieder,
Noch schlägt das Herz so warm.
Wann grünt ihr Blätter am Fenster?
Wann halt' ich dich, Liebchen, im Arm?

Wilhelm Müller

DER KUSS IM TRAUME
Aus einem ungedruckten Romane

Es hat ein Kuss mir Leben eingehaucht,
Gestillet meines Busens tiefstes Schmachten,
Komm, Dunkelheit! mich traulich zu umnachten
Dass neue Wonne meine Lippe saugt.

In Träume war solch Leben eingetaucht,
Drum leb' ich, ewig Träume zu betrachten,
Kann aller andern Freuden Glanz verachten,
Weil nur die Nacht so süßen Balsam haucht.

Der Tag ist karg an liebesüßen Wonnen,
Es schmerzt mich seines Lichtes eitles Prangen
Und mich verzehren seiner Sonne Gluten.
Drum birg dich Aug' dem Glanze ir'dscher Sonnen!
Hüll' dich in Nacht, sie stillet dein Verlangen
Und heilt den Schmerz, wie Lethes kühle Fluten.

Karoline von Günderrode

ICH TRÄUME SO LEISE VON DIR

Immer kommen am Morgen schmerzliche Farben,
Die sind wie deine Seele.

O, ich muss an dich denken,
Und überall blühen so traurige Augen.

Und ich habe dir doch von großen Sternen erzählt,
Aber du hast zur Erde gesehn.

Nächte wachsen aus meinem Kopf,
Ich weiß nicht wo ich hin soll.

Ich träume so leise von dir,
Weiß hängt die Seide schon über meinen Augen.

Warum hast du nicht um mich
Die Erde gelassen – sage?

Else Lasker-Schüler

SCHLAF NUR EIN

Ach, was bin ich aufgewacht?
Ob am Haus die Liebste klopft?
Leise tönt es durch die Nacht. –
»Schlaf nur ein,
Schlaf nur ein!
Regen an die Scheiben tropft.«

Warum klingt mir doch das Ohr?
Spricht von mir das falsche Kind,
Das mich aus dem Sinn verlor? –
»Schlaf nur ein,
Schlaf nur ein!
Herdenglocken rührt der Wind.«

Und sie sah im Traum mich an,
Und sie sprach: Du glaubst es kaum,
Was ich leide, süßer Mann! –
»Schlaf nur ein,
Schlaf nur ein!
Schlaf ihn aus, den falschen Traum!«

Paul Heyse

Ich hab im Traum geweinet,
Mir träumte, du lägest im Grab.
Ich wachte auf, und die Träne
Floss noch von der Wange herab.

Ich hab im Traum geweinet,
Mir träumt', du verließest mich.
Ich wachte auf, und ich weinte
Noch lange bitterlich.

Ich hab im Traum geweinet,
Mir träumte, du bliebest mir gut.
Ich wachte auf, und noch immer
Strömt meine Tränenflut.

Heinrich Heine

HELLE NACHT
Nach Paul Verlaine

Weich küsst die Zweige
der weiße Mond;
ein Flüstern wohnt
im Laub, als neige,
als schweige sich der Hain zur Ruh –
Geliebte du.

Der Weiher ruht, und
die Weide schimmert;
ihr Schatten flimmert
in seiner Flut, und
der Wind weint in den Bäumen –
wir träumen … träumen.

Die Weiten leuchten
Beruhigung;
die Niederung
hebt bleich den feuchten
Schleier hin zum Himmelssaum –
oh hin – o Traum …

Richard Dehmel

Heut Nacht im Traume sah ich dich,
Du dehntest dich mit leisem Lachen
Und schwätztest gurrend tausend Sachen.

Ich kostete gleich Früchten dich,
Wie ich mit durst'ger Lippe küsste
Berg, Tal und Hügel, Wang' und Brüste.

Ich war von einer Biegsamkeit,
Die wirklich man bewundern musste,
Herrgott, welche Kraft, welche Puste!

Und du, Geliebte, zur selben Zeit,
Welche Puste und Kraft, welche Schnelle
Und Biegsamkeit der Gazelle.

Am Morgen gab's in deinem Arm,
Nur viel vollkomm'ner, im Erwachen
Genau dieselben süßen Sachen.

Paul Verlaine

JUNGE GLUT

Tiefe Nacht. –
Aus sinneheißem Traum bin ich erwacht.
Ich träumte von schimmernder Glieder Pracht
Von Frauen, die mit liebesfrohen und verständnisstillen
Verschwiegnen Blicken Wunsch und Sucht erfüllen,
Ich träumte von glühenden brennenden Küssen
Von trunkener Geigen laut jubelndem Klang,
Von wilden, berauschenden Glutgenüssen
Von Mädchen, die ich als Sieger bezwang ...
Und jede Sehnsucht fand im Traum ihr Ende
Doch nun bin ich erwacht!
Allein! .... Allein!! ......
... Und sinnetrunken tappen meine Hände
In schweigende Dunkelheiten hinein
Hinein in die leere, nichtssagende Nacht! ...

Stefan Zweig

TRAUMWANDLER

Wo bist du, die mir zur Seite ging,
Wo bist du, Himmelsangesicht?
Ein rauer Wind höhnt mir ins Ohr: du Narr!
Ein Traum! Ein Traum! Du Tor!
Und doch, und doch! Wie war es einst,
Bevor ich in Nacht und Verlassenheit schritt?
Weißt du es noch, du Narr, du Tor!
Meiner Seele Echo, der raue Wind:
O Narr! O Tor!
Stand sie mit bittenden Händen nicht,
Ein trauriges Lächeln um den Mund,
Und rief in Nacht und Verlassenheit!
Was rief sie nur! Weißt du es nicht?
Wie Liebe klang's. Kein Echo trug
Zu ihr zurück, zu ihr dies Wort.
War's Liebe? Weh, dass ich's vergaß!
Nur Nacht um mich und Verlassenheit,
Und meiner Seele Echo – der Wind!
Der höhnt und höhnt: O Narr! O Tor!

Georg Trakl

Geh nach Hause, armer Knabe,
Leg dich nieder, weh verliebt.
Träume von der Himmelsgabe,
Die der Himmel dir nicht gibt.
Träume von den blonden Flechten,
Die du nur als Schnecken siehst.
Hadre mit dem ungerechten
Schicksal, dem kein Glück entsprießt.
Irgendwo ziehn weiche Glieder,
Lippen, süß zum Kuss und rund,
Irgendwen in Liebe nieder. –
Träum den Leib und träum den Mund!
Träumend darfst du dich vergeuden.
Träum in üppiger Fantasie
Deiner Liebe letzte Freuden. –
Träume, Freund, enttäuschen nie.

Erich Mühsam

Mir träumte: Traurig schaute der Mond,
Und traurig schienen die Sterne;
Es trug mich zur Stadt, wo Liebchen wohnt,
Viel hundert Meilen ferne.

Es hat mich zu ihrem Hause geführt,
Ich küsste die Steine der Treppe,
Die oft ihr kleiner Fuß berührt
Und ihres Kleides Schleppe.

Die Nacht war lang, die Nacht war kalt,
Es waren so kalt die Steine;
Es lugt' aus dem Fenster die blasse Gestalt,
Beleuchtet vom Mondenscheine.

Heinrich Heine

Von dir lachen noch meine Träume

Dein Leib ist reich gewirkt wie ein Feld voll Honig und
    königlicher Blumen
Und kommt weich und heimlich wie der Mond in mein
    Bett.

Von dir lachen noch meine Träume und bewachen dich.
Und wie die Hähne kämpfen mit erhitztem Sporn,
So töt' ich den, der dich im Traum begehrt.

Max Dauthendey

Eine einzige Freude bleibt mir noch. Da ich ihr nahe war, träumte ich nie von ihr; jetzt aber, in der Ferne, sind wir im Traume zusammen, und sonderbar genug: Seit ich andre liebenswürdige Personen hier in der Nachbarschaft kennengelernt, jetzt erst erscheint mir ihr Bild im Traum, als wenn sie mir sagen wollte: ›Siehe nur hin und her! Du findest doch nichts Schöneres und Lieberes als mich.‹ Und so mischt sich ihr Bild in jeden meiner Träume. Alles, was mir mit ihr begegnet, schiebt sich durch- und übereinander. Bald unterschreiben wir einen Kontrakt; da ist ihre Hand und die meinige, ihr Name und der meinige; beide löschen einander aus, beide verschlingen sich. Auch nicht ohne Schmerz sind diese wonnevollen Gaukeleien der Fantasie. Manchmal tut sie etwas, das die reine Idee beleidigt, die ich von ihr habe, dann fühl ich erst, wie sehr ich sie liebe, indem ich über alle Beschreibung geängstet bin. Manchmal neckt sie mich ganz gegen ihre Art und quält mich; aber sogleich verändert sich ihr Bild, ihr schönes, rundes, himmlisches Gesichtchen verlängert sich: Es ist eine andre. Aber ich bin doch gequält, unbefriedigt und zerrüttet.

Johann Wolfgang Goethe, Die Wahlverwandschaften

ALLEGORIE

Schwarze Blumen blühten mir im Traume,
Kronenschwere, die sich nicht bewegen,
Ob der Wind auch über ihnen wandert.
Ihre sommerlichen Düfte stiegen
Wie der Wärme Wellen auf zum Himmel,
Aber Winter war es um die Blumen.

Und es kam von ungefähr ein Mädchen,
Flora kam, die mit dem Blumenhorne,
Und sie nahm die Blumen an die Brüste.
Sieh: da wurden bunt die schwarzen Blumen,
Rot und gelb und blau, violenfarben,
Da sie starben an des Mädchens Brüsten.
Ich erkannte nicht des Traums Bedeuten.
Aber, als ich wach ward, sah ich leuchten
Brauner Augen zwei, in deren Scheine
Meine Selbstsucht starb und Liebe wurde.

Otto Julius Bierbaum

ICH UND DU

Wir träumten voneinander
Und sind davon erwacht,
Wir leben, um uns zu lieben,
Und sinken zurück in die Nacht.

Du tratst aus meinem Traume,
Aus deinem trat ich hervor,
Wir sterben, wenn sich Eines
Im Andern ganz verlor.

Auf einer Lilie zittern
Zwei Tropfen, rein und rund,
Zerfließen in Eins und rollen
Hinab in des Kelches Grund.

Friedrich Hebbel

LETHE

Jüngst im Traume sah ich auf den Fluten
Einen Nachen ohne Ruder ziehn,
Strom und Himmel stand in matten Gluten
Wie bei Tages Nahen oder Fliehn.

Saßen Knaben drin mit Lotoskränzen,
Mädchen beugten über Bord sich schlank,
Kreisend durch die Reihe sah ich glänzen
Eine Schale, draus ein jedes trank.

Jetzt erscholl ein Lied voll süßer Wehmut,
Das die Schar der Kranzgenossen sang –
Ich erkannte deines Nackens Demut,
Deine Stimme, die den Chor durchdrang.

In die Welle taucht ich. Bis zum Marke
Schaudert ich, wie seltsam kühl sie war.
Ich erreicht die leise ziehnde Barke,
Drängte mich in die geweihte Schar.

Und die Reihe war an dir zu trinken,
Und die volle Schale hobest du,
Sprachst zu mir mit trautem Augenwinken:
»Herz, ich trinke dir Vergessen zu!«

Dir entriss in trotz'gem Liebesdrange
Ich die Schale, warf sie in die Flut,
Sie versank und, siehe, deine Wange
Färbte sich mit einem Schein von Blut.

Flehend küsst ich dich in wildem Harme,
Die den bleichen Mund mir willig bot,
Da zerrannst du lächelnd mir im Arme
Und ich wusst es wieder – du bist tot.

Conrad Ferdinand Meyer

AM 21. AUGUST.

Umsonst strecke ich meine Arme nach ihr aus, morgens, wenn
ich von schweren Träumen aufdämmere, vergebens suche ich sie
nachts in meinem Bette, wenn mich ein glücklicher, unschuldiger
Traum getäuscht hat, als säß ich neben ihr auf der Wiese und hielt
ihre Hand und deckte sie mit tausend Küssen. Ach, wenn ich dann
noch halb im Taumel des Schlafes nach ihr tappe und drüber mich
ermuntere – ein Strom von Tränen bricht aus meinem gepressten
Herzen, und ich weine trostlos einer finstern Zukunft entgegen.

Johann Wolfgang Goethe. Die Leiden des jungen Werther

Im Traume

Ach, aus Träumen fahr' ich!
in die graue Luft,
in die kalte, starr' ich;
ach, dein Samum war ich,
Du mein Ambraduft!

Durch die stumme Wüste
bebtest du dahin,
und dein Atem küsste
und dein Kuss versüßte
Seele mir und Sinn.

Einsamkeiten hingen
tief ins weiße Land;
sonnenstill ein Ringen,
und mit heißen Schwingen
hielt ich dich umspannt,

hielt ich dich umschlungen,
hielt ich dich umglüht, –
und mit Flammenzungen
hab' ich dir gesungen
meiner Wonne Lied.

Richard Dehmel

GLÜCK IM TRAUM

Ach, was sah ich im Traum:
Du hast die Hand mir gegeben,
Und stumm sprach mir dein Mund:
Ja, ich fühle wie du.

Tief im Walde geschah's;
Es sangen um uns die Vögel,
Sonne küsste das Moos
Und deinen seidenen Schuh.

Nahe warst du mir so,
Dass deinen Atem ich fühlte,
Und ich sah dir ins Aug.
Und ich weinte vor Glück.

Mädchen, was mir der Tag
An Kümmernissen mag bringen:
Lächelnd denk ich des Traums,
Selig denk ich an dich.

Otto Julius Bierbaum

BALLADE

Ich träumt', ich war ein Vögelein,
Und flog auf ihren Schoß,
Und zupft' ihr, um nicht lass zu sein,
Die Busenschleifen los.
Und flog, mit gaukelhaftem Flug,
Dann auf die weiße Hand,
Dann wieder auf das Busentuch,
Und pickt' am roten Band.

Dann schwebt' ich auf ihr blondes Haar,
Und zwitscherte vor Lust,
Und ruhte, wann ich müde war,
An ihrer weißen Brust.
Kein Veilchenbett im Paradies
Geht diesem Lager vor.
Wie schlief sich's da so süß, so süß
Auf ihres Busens Flor!

Sie spielte, wie ich tiefer sank,
Mit leisem Fingerschlag,
Der mir durch Leib und Leben drang,
Den frohen Schlummrer wach.
Sah mich so wunderfeundlich an,
Und bot den Mund mir dar,
Dass ich es nicht beschreiben kann,
Wie froh, wie froh ich war.

Da trippelt' ich auf einem Bein,
Und hatte so mein Spiel.
Und spielt' ihr mit dem Flügelein
Die rote Wange kühl.
Doch, ach, kein Erdenglück besteht,
Es sei Tag, oder Nacht!
Schnell war mein süßer Traum verweht,
Und ich war aufgewacht.

Ludwig Christoph Heinrich Hölty

DANN

… Dann kam die Nacht mit Deinem Traum
Im stillen Sternebrennen.
Und der Tag zog lächelnd an mir vorbei,
Und die wilden Rosen atmeten kaum.

Nun sehn' ich mich nach Traumesmai,
Nach Deinem Liebeoffenbaren.
Möchte an Deinem Munde brennen
Eine Traumzeit von tausend Jahren.

Else Lasker-Schüler

27. Sonett

Eil ich, des Treibens müd, zur Lagerstätte,
Labsal den Gliedern, die vom Gehn erschlafft,
Dann fängt der Kopf ein Wandern an im Bette:
Ist auch der Leib erschöpft, die Seele schafft.

Durch ferne Weiten führt mein Denken mich,
In frommer Pilgerschaft nach dir zu spähn.
Die müd geschlossnen Augen öffnen sich
Und schaun ins Dunkel, das die Blinden sehn.

Dein Schatten nur, vom Traumlicht meiner Seele
Vor mein lichtloses Auge mir gebracht,
Gleich dem im Dunkel hängenden Juwele
Macht jung und schön die alte schwarze Nacht.

So wird mein Leib bei Tag, mein Geist bei Nacht
Durch dich und mich um alle Ruh gebracht.

William Shakespeare

Er ging die Gasse herab an Zablockis Haus. Alle Lichter waren ausgelöscht. Eine kernschwarze Wolke hing sich über das Dach; er hätte sie gern herabgerissen. Alles war so still, dass er die Wanduhren gehen hörte. Der Mond schüttete seinen fremden Tag in die Fenster des dritten Stockwerks. »O wär' ich ein Stern«, so sang es in ihm, und er hörte nur zu, »ich wollte ihr leuchten; – wär' ich eine Rose, ich wollte ihr blühen; – wär' ich ein Ton, ich dräng' in ihr Herz; – wär' ich die Liebe, die glücklichste, ich bliebe darin; – ja, wär' ich nur der Traum, ich wollt' in ihren Schlummer ziehen und der Stern und die Rose und die Liebe und alles sein und gern verschwinden, wenn sie erwachte.«

Er ging nach Hause zum ernsten Schlaf und hoffte, dass ihm vielleicht träume, er sei der Traum.

Jean Paul, Flegeljahre

Im Arm der Liebe schliefen wir selig ein.
Am offnen Fenster lauschte der Sommerwind,
und unsrer Atemzüge Frieden
trug er hinaus in die helle Mondnacht. –

Und aus dem Garten tastete zagend sich
ein Rosenduft an unserer Liebe Bett
und gab uns wundervolle Träume,
Träume des Rausches – so reich an Sehnsucht!

Otto Erich Hartleben

Nun weiss ich …

Mich hat ein süßer Traum bewegt,
Durch Wochen, Nacht für Nacht.

Ich hatte seines Glücks nicht acht;
Doch wie mir heut der Morgen sacht
Den Schlummer von den Lidern trägt,
Hab' ich an Dich gedacht.

Nun weiß ich, wer das frohe Licht
In meine Nächte spinnt.

Denn ihr verklärtes Traumgedicht
Ist nur Dein liebes Angesicht.
Das heilige sie so tief und schlicht,
Dass sie voll Sonne sind …

Stefan Zweig

Die Liebe

Es rauscht durch unseren Schlaf
Ein feines Wehen, Seide,
Wie pochendes Erblühen
Über uns beide.

Und ich werde heimwärts
Von deinem Atem getragen,
Durch verzauberte Märchen,
Durch verschüttete Sagen.

Und mein Dornenlächeln spielt
Mit deinen urtiefen Zügen,
Und es kommen die Erden
Sich an uns zu schmiegen.

Es rauscht durch unseren Schlaf
Ein feines Wehen, Seide –
Der weltalte Traum
Segnet uns beide.

Else Lasker-Schüler

»Wenn der lahme Weber träumt,
er webe«

–

Wünsche und Sehnsüchte

Wovon die Tiere träumen, weiß ich nicht. Ein Sprichwort, dessen
Erwähnung ich einem meiner Hörer danke, behauptet es zu wis-
sen, denn es stellt die Frage auf: Wovon träumt die Gans? und be-
antwortet sie: Vom Kukuruz (Mais). Die ganze Theorie, dass der
Traum eine Wunscherfüllung sei, ist in diesen zwei Sätzen ent-
halten.

Sigmund Freud, Die Traumdeutung

Seine Seele fühlt sich in diesen Ideen gleichsam wie in einer neuen
und schönen Region, die mit allem ihrem blendenden Licht auf sie
wirkt und sie in den lieblichsten Traum entzückt. Das entgegenge-
setzte Elend der Sklaverei und des Aberglaubens zieht sie immer
fester und fester an diese Lieblingswelt; die schönsten Träume von
Freiheit werden ja im Kerker geträumt.

Friedrich Schiller, Briefe über Don Carlos

Wenn der lahme Weber träumt, er webe,
Träumt die kranke Lerche auch, sie schwebe,
Träumt die stumme Nachtigall, sie singe,
Dass das Herz des Widerhalls zerspringe,
Träumt das blinde Huhn, es zähl' die Kerne,
Und der drei je zählte kaum, die Sterne,
Träumt das starre Erz, gar linde tau' es,
Und das Eisenherz, ein Kind vertrau' es,
Träumt die taube Nüchternheit, sie lausche,
Wie der Traube Schüchternheit berausche;
Kömmt dann Wahrheit mutternackt gelaufen,
Führt der hellen Töne Glanzgefunkel
Und der grellen Lichter Tanz durchs Dunkel,
Rennt den Traum sie schmerzlich übern Haufen,
Horch! die Fackel lacht, horch! Schmerz-Schalmeien
Der erwachten Nacht ins Herz all schreien;
Weh, ohn' Opfer gehn die süßen Wunder,
Gehn die armen Herzen einsam unter!

Clemens Brentano

DER TRAUM

Im schönsten Garten wallten
Zwei Buhlen Hand in Hand,
Zwo bleiche, kranke Gestalten,
Sie saßen ins Blumenland.

Sie küssten sich auf die Wangen
Und küssten sich auf den Mund,
Sie hielten sich fest umfangen,
Sie wurden jung und gesund.

Zwei Glöcklein klangen helle,
Der Traum entschwand zur Stund;
Sie lag in der Klosterzelle,
Er fern in Turmes Grund.

Ludwig Uhland

WINTERNACHT

Verschneit liegt rings die ganze Welt,
Ich hab nichts, was mich freuet,
Verlassen steht der Baum im Feld,
Hat längst sein Laub verstreuet.

Der Wind nur geht bei stiller Nacht
Und rüttelt an dem Baume,
Da rührt er seinen Wipfel sacht
Und redet wie im Traume.

Er träumt von künft'ger Frühlingszeit,
Von Grün und Quellenrauschen,
Wo er im neuen Blütenkleid
Zu Gottes Lob wird rauschen.

Joseph von Eichendorff

Der Traum vom Weltrekord

»Der große Schwimmer! Der große Schwimmer!«, riefen die Leute. Ich kam von der Olympiade in Antwerpen, wo ich einen Weltrekord im Schwimmen erkämpft hatte. Ich stand auf der Freitreppe des Bahnhofes meiner Heimatstadt – wo ist sie? – und blickte auf die in der Abenddämmerung undeutliche Menge. Ein Mädchen, dem ich flüchtig über die Wange strich, hängte mir flink eine Schärpe um, auf der in einer fremden Sprache stand: Dem olympischen Sieger. Ein Automobil fuhr vor, einige Herren drängten mich hinein, zwei Herren fuhren auch mit, der Bürgermeister und noch jemand. Gleich waren wir in einem Festsaal, von der Galerie herab sang ein Chor als ich eintrat, alle Gäste, es waren Hunderte, erhoben sich und riefen im Takt einen Spruch, den ich nicht genau verstand. Links von mir saß ein Minister, ich weiß nicht, warum mich das Wort bei der Vorstellung so erschreckte, ich maß ihn wild mit den Blicken, besann mich aber bald, rechts saß die Frau des Bürgermeisters, eine üppige Dame, alles an ihr, besonders in der Höhe der Brüste, erschien mir voll Rosen und Straußfedern. Mir gegenüber saß ein dicker Mann mit auffallend weißem Gesicht, seinen Namen hatte ich bei der Vorstellung überhört, er hatte die Ellbogen auf den Tisch gelegt – es war ihm besonders viel Platz gemacht worden – sah vor sich hin und schwieg, rechts und links von ihm saßen zwei schöne blonde Mädchen, lustig waren sie, immerfort hatten sie etwas zu erzählen und ich sah von einer zur andern. Weiterhin konnte ich trotz der reichen Beleuchtung die Gäste nicht scharf erkennen, vielleicht weil alles in Bewegung war, die Diener umherliefen, die Speisen gereicht, die Gläser gehoben wurden, vielleicht war alles sogar allzu sehr beleuchtet. Auch war eine gewisse Unordnung – die einzige übrigens – die darin bestand, dass einige Gäste, besonders Damen, mit dem Rücken zum Tisch gekehrt saßen, und zwar so, dass nicht etwa die Rückenlehne des Sessels dazwischen war, sondern der Rücken den Tisch fast berührte. Ich machte die Mädchen mir gegenüber darauf aufmerksam, aber während sie sonst so gesprächig waren, sagten sie diesmal nichts, sondern lächelten mich nur mit langen Blicken an. Auf ein Glockenzeichen – die Diener erstarrten zwischen den Sitzreihen – erhob sich der Dicke gegenüber und hielt eine Rede. Warum nur der Mann so traurig war! Während der Rede betupfte er mit dem Taschentuch das Gesicht; das wäre ja hingegangen; bei seiner Dicke, der Hitze im Saal, der Anstrengung des Redens wäre das verständlich gewesen, aber ich merkte deutlich, dass das Ganze nur eine List war, die verbergen sollte, dass er sich die Tränen aus den Augen wischte. Dabei blickte er immerfort mich an, aber so als sähe er nicht mich, sondern mein offenes Grab. Nachdem er geendet hatte, stand natürlich ich auf und hielt auch eine Rede. Es drängte mich geradezu zu sprechen, denn manches schien mir hier und wahrscheinlich auch anderswo der öffentlichen und offenen Aufklärung bedürftig, darum begann ich:

Geehrte Festgäste! Ich habe zugegebenermaßen einen Weltrekord, wenn Sie mich aber fragen würden, wie ich ihn erreicht habe, könnte ich Ihnen nicht befriedigend antworten. Eigentlich kann ich nämlich gar nicht schwimmen. Seit jeher wollte ich es lernen, aber es hat sich keine Gelegenheit dazu gefunden. Wie kam es nun aber, dass ich von meinem Vaterland zur Olympiade geschickt wurde? Das ist eben auch die Frage, die mich beschäftigt. Zunächst muss ich feststellen, dass ich hier nicht in meinem Vaterland bin und trotz großer Anstrengung kein Wort von dem verstehe, was hier gesprochen wird. Das Naheliegendste wäre nun, an eine Verwechslung zu glauben, es liegt aber keine Verwechslung vor, ich habe den Rekord, bin in meine Heimat gefahren, heiße so wie Sie mich nennen, bis dahin stimmt alles, von da ab aber stimmt nichts mehr, ich bin nicht in meiner Heimat, ich kenne und verstehe Sie nicht. Nun aber noch etwas, was nicht genau, aber doch irgendwie der Möglichkeit einer Verwechslung widerspricht: es stört mich nicht sehr, dass ich Sie nicht verstehe, und auch Sie scheint es nicht sehr zu stören, dass Sie mich nicht verstehen. Von der Rede meines geehrten Herrn Vorredners glaube ich nur zu wissen, dass sie trostlos traurig war, aber dieses Wissen genügt mir nicht nur, es ist mir sogar noch zu viel. Und ähnlich verhält es sich mit allen Gesprächen, die ich seit meiner Ankunft hier geführt habe. Doch kehren wir zu meinem Weltrekord zurück.

Franz Kafka

TRÄUME

Träume der blassen und umglühten Stunden
sinkt wieder ihr in lindem Abendwehn
aus goldgenetzter Wolken dunklem Schoß
wie Sommerregen duftend auf mein Land?

Ihr locktet früh das Kind zu Zaubergärten
verwunschnen Schlössern stillen grünen Seen
und brauner Wurzel quoll aus trübem Schacht
gehöhlter Felsen unermessnes Gold.

Dann gingt ihr hin und euer leichtes Bild
zerfloss und zitterte nur traumhaft fern
wie leuchtend durch die Nächte warmer Schein
in dämmerweichen Sommerlüften hängt.

Nun tönt mir eure Stimme süß vertraut
wie einem Kind das sich im Wald verlor
der Glocken Läuten still vom Abendwind
durch welken Glanz der Tale hingeweht.

Ernst Stadler

DAS SCHLOSS BONCOURT

Ich träum als Kind mich zurücke,
Und schüttle mein greises Haupt;
Wie sucht ihr mich heim, ihr Bilder,
Die lang ich vergessen geglaubt?

Hoch ragt aus schatt'gen Gehegen
Ein schimmerndes Schloss hervor,
Ich kenne die Türme, die Zinnen,
Die steinerne Brücke, das Tor.

Es schauen vom Wappenschilde
Die Löwen so traulich mich an,
Ich grüße die alten Bekannten,
Und eile den Burghof hinan.

Dort liegt die Sphinx am Brunnen,
Dort grünt der Feigenbaum,
Dort, hinter diesen Fenstern,
Verträumt ich den ersten Traum.

Ich tret in die Burgkapelle
Und suche des Ahnherrn Grab,
Dort ist's, dort hängt vom Pfeiler
Das alte Gewaffen herab.

Noch lesen umflort die Augen
Die Züge der Inschrift nicht,
Wie hell durch die bunten Scheiben
Das Licht darüber auch bricht.

So stehst du, o Schloss meiner Väter,
Mir treu und fest in dem Sinn,
Und bist von der Erde verschwunden,
Der Pflug geht über dich hin.

Sei fruchtbar, o teurer Boden,
Ich segne dich mild und gerührt,
Und segn' ihn zwiefach, wer immer
Den Pflug nun über dich führt.

Ich aber will auf mich raffen,
Mein Saitenspiel in der Hand,
Die Weiten der Erde durchschweifen,
Und singen von Land zu Land.

Adelbert von Chamisso

Aber die jugendliche Seele lässt sich durch die Arglist des Altklugen nicht betören, und immer sieht sie den Liebling spielen mit den schönen Bildern der schönen Welt. Willig lässt sie ihre Stirn umflechten von den Kränzen, die das Kind aus den Blüten des Lebens flicht, und willig lässt sie sich in wachen Schlummer sinken, Musik der Liebe träumend, und geheimnisvoll freundliche Götterstimmen vernehmend, wie die einzelnen Laute einer fernen Romanze.

Alte wohlbekannte Gefühle tönen aus der Tiefe der Vergangenheit und Zukunft. Leise nur berühren sie den lauschenden Geist und schnell verlieren sie sich wieder in den Hintergrund verstummter Musik und dunkler Liebe. Alles liebt und lebt, klaget und freut sich in schöner Verwirrung. Hier öffnen sich am rauschenden Fest die Lippen aller Fröhlichen zu allgemeinem Gesange; und hier verstummt das einsame Mädchen vor dem Freunde, dem sie sich vertrauen möchte und versagt den Kuss mit lächelndem Munde. Gedankenvoll streue ich Blumen auf das Grab des zu früh entschlafnen Sohnes, die ich bald voll Freude und voll Hoffnung der Braut des geliebten Bruders darreiche, während die hohe Priesterin mir winkt und mir die Hand reicht zu ernstem Bunde, bei dem ewig reinen Feuer ewige Reinheit und ewige Begeisterung zu geloben. Ich enteile dem Altar und der Priesterin um das Schwert zu ergreifen und mit der Schar der Helden in den Kampf zu stürzen, den ich bald vergesse, wo ich in tiefster Einsamkeit nur den Himmel und mich beschaue.

Welche Seele solche Träume schlummert, die träumt sie ewig fort, auch wenn sie erwacht ist. Sie fühlt sich umschlungen von den Blüten der Liebe, sie hütet sich wohl die losen Kränze zu zerreißen, sie gibt sich gern gefangen und weiht sich selbst der Fantasie und lässt sich gern beherrschen von dem Kinde, das alle Muttersorgen durch seine süßen Tändeleien lohnt.

Dann zieht sich ein frischer Hauch von Jugendblüte über das ganze Dasein und ein Heiligenschein von kindlicher Wonne. Der Mann vergöttert die Geliebte, die Mutter das Kind und alle den ewigen Menschen.

Nun versteht die Seele die Klage der Nachtigall und das Lächeln des Neugebornen, und was auf Blumen wie an Sternen sich in geheimer Bilderschrift bedeutsam offenbart, versteht sie; den heiligen Sinn des Lebens wie die schöne Sprache der Natur. Alle Dinge reden zu ihr und überall sieht sie den lieblichen Geist durch die zarte Hülle.

Auf diesem festlich geschmückten Boden wandelt sie den leichten Tanz des Lebens, schuldlos und nur besorgt dem Rhythmus der Geselligkeit und Freundschaft zu folgen und keine Harmonie der Liebe zu stören.

Dazwischen ew'ger Gesang, von dem sie nur dann und wann einzelne Worte vernimmt, welche noch höhere Wunder verraten lassen.

Immer schöner umgibt sie dieser Zauberkreis. Sie kann ihn nie verlassen und was sie bildet oder spricht, lautet wie eine wunderbare Romanze von den schönen Geheimnissen der kindlichen Götterwelt, begleitet von einer bezaubernden Musik der Gefühle und geschmückt mit den bedeutendsten Blüten des lieblichen Lebens.

Friedrich Schlegel, Lucinde

DER TRAUM

An Amalie H.

Jüngst hab' ich dich gesehn im Traum,
So lieblich saßest du behütet,
In einer Laube grünem Raum,
Von duftendem Jasmin umblütet,
Durch Zweige fiel das goldne Licht,
Aus Vogelkehlen ward gesungen,
Du saßest da, wie ein Gedicht
Von einem Blumenkranz umschlungen.

Und deine liebe Rechte trug
Das Antlitz mit so edlen Sitten,
Im Sand das aufgeschlagne Buch
Schien von dem Schoße dir geglitten;
Dich lehnend an den frischen Hag
Hauchtest du flüsternd leise Küsse,
Im Auge eine Träne lag
Wie Tau im Kelche der Narzisse.

Dich anzuschaun war meine Lust,
Zu lauschen deiner Züge Regen,
Und dennoch hätt' ich gern gewusst,
Was dich so innig mocht' bewegen?
Da bogst du sacht hinab den Zweig,
Strichst lächelnd an der Spitzenhaube,
An deine Schulter huscht' ich gleich,
Sah einen Baum in schlichtem Laube:

Und auf dem Baume saß ein Fink,
Der schleppte dürres Moos und Reisig,
»Schau her, schau wieder!«, zirpt' er flink
Und förderte am Nestchen fleißig;
Er sah so keck und fröhlich aus,
Als trüg' er des Flamingo Kleider,
So sorglich hüpft' er um sein Haus,
Als fürcht' er bösen Blick und Neider.

Und wenn ein Reischen er gelegt,
Dann rief er alle Welt zu Zeugen,
Als müsse was der Garten hegt,
Blum' und Gesträuch sich vor ihm neigen;
Um deine Lippe flog ein Zug,
Wie ich ihn oft an ihr gesehen,
Und meinen Namen ließ im Flug
Sie über ihre Spalte gehen.

Schon hob ich meine Hand hinauf
Mit leisem Schlage dich zu strafen,
Allein da wacht' ich plötzlich auf
Und bin nicht wieder eingeschlafen;
Nur deiner hab' ich fortgedacht,
Säh' dich so gern am grünen Hage,
Mich dünkt, so lieb wie in der Nacht
Sah ich dich noch an keinem Tage.

Im Eise schlummern Blum' und Zweig,
Dezemberwinde schneidend wehen,
Der Garten steht im Wolkenreich,

Wo tausend schönre Gärten stehen;
So golden ist kein Sonnenschein,
Dass er wie der erträumte blinke;

Doch du, bist du nicht wirklich mein?
Und bin ich nicht dein dummer Finke?

Annette von Droste-Hülshoff

Ein Fichtenbaum steht einsam
Im Norden auf kahler Höh'.
Ihn schläfert; mit weißer Decke
Umhüllen ihn Eis und Schnee.

Er träumt von einer Palme,
Die, fern im Morgenland,
Einsam und schweigend trauert
Auf brennender Felsenwand.

Heinrich Heine

KÜHLE

Alles das ist nur ein Träumen,
Und ich sollte nie erwachen:
Das wär schön.

Denn der Tag hat kalte Farben,
Und die Wahrheit geht in Wolle,
Rau und grau.

Wirklichkeit, die alte Vettel,
Zückt schon ihre Klapperschere
Und sie grinst:
Weg die bunten Seidenbänder,
Weg die langen Ringellocken,
Weg den Tand!

Und ein kurzer Krampf im Herzen
Und das alte böse Lachen:
Siehst du wohl?

Otto Julius Bierbaum

»Dem Leben wir den Traum entwanden«

—

Traum und Poesie

TRAUM UND POESIE

Träume und Dichtergebilde sind eng miteinander verschwistert,
Beide lösen sich ab oder ergänzen sich still,
Aber sie wurzeln nicht bloß im tiefsten Bedürfnis der Seele,
Nein, sie wurzeln zugleich in dem unendlichen All.
In die wirkliche Welt sind viele mögliche and're
Eingesponnen, der Schlaf wickelt sie wieder heraus,
Sei es der dunkle der Nacht, der alle Menschen bewältigt,
Sei es der helle des Tags, der nur den Dichter befällt,
Und so treten auch sie, damit das All sich erschöpfe,
Durch den menschlichen Geist in ein verflatterndes Sein.

Friedrich Hebbel

Traum und Rausch

Um uns jene beiden Triebe näherzubringen, denken wir sie uns
zunächst als die getrennten Kunstwelten des Traumes und des
Rausches; zwischen welchen physiologischen Erscheinungen ein
entsprechender Gegensatz wie zwischen dem Apollinischen und
dem Dionysischen zu bemerken ist. Im Traume traten zuerst, nach
der Vorstellung des Lukretius, die herrlichen Göttergestalten vor
die Seelen der Menschen, im Traume sah der große Bildner den
entzückenden Gliederbau übermenschlicher Wesen, und der hel-
lenische Dichter, um die Geheimnisse der poetischen Zeugung be-
fragt, würde ebenfalls an den Traum erinnert und eine ähnliche
Belehrung gegeben haben, wie sie Hans Sachs in den Meistersin-
gern gibt:

> Mein Freund, das grad ist Dichters Werk,
> dass er sein Träumen deut' und merk'.
> Glaubt mir, des Menschen wahrster Wahn
> wird ihm im Traume aufgetan:
> all Dichtkunst und Poeterei
> ist nichts als Wahrtraum-Deuterei.

Der schöne Schein der Traumwelten, in deren Erzeugung jeder
Mensch voller Künstler ist, ist die Voraussetzung aller bildenden
Kunst, ja auch, wie wir sehen werden, einer wichtigen Hälfte der
Poesie. Wir genießen im unmittelbaren Verständnisse der Gestalt,
alle Formen sprechen zu uns, es gibt nichts Gleichgültiges und Un-
nötiges. Bei dem höchsten Leben dieser Traumwirklichkeit haben
wir doch noch die durchschimmernde Empfindung ihres Scheins:
Wenigstens ist dies meine Erfahrung, für deren Häufigkeit, ja Nor-

malität, ich manches Zeugnis und die Aussprüche der Dichter bei-
zubringen hätte. Der philosophische Mensch hat sogar das Vor-
gefühl, dass auch unter dieser Wirklichkeit, in der wir leben und
sind, eine zweite ganz andre verborgen liege, dass also auch sie
ein Schein sei; und Schopenhauer bezeichnet geradezu die Gabe,
dass einem zuzeiten die Menschen und alle Dinge als bloße Phan-
tome oder Traumbilder vorkommen, als das Kennzeichen philo-
sophischer Befähigung. Wie nun der Philosoph zur Wirklichkeit
des Daseins, so verhält sich der künstlerisch erregbare Mensch zur
Wirklichkeit des Traumes; er sieht genau und gern zu: denn aus
diesen Bildern deutet er sich das Leben, an diesen Vorgängen übt
er sich für das Leben. Nicht etwa nur die angenehmen und freund-
lichen Bilder sind es, die er mit jener Allverständlichkeit an sich
erfährt: auch das Ernste, Trübe, Traurige, Finstere, die plötzlichen
Hemmungen, die Neckereien des Zufalls, die bänglichen Erwar-
tungen, kurz die ganze »göttliche Komödie« des Lebens, mit dem
Inferno, zieht an ihm vorbei, nicht nur wie ein Schattenspiel –
denn er lebt und leidet mit in diesen Szenen – und doch auch nicht
ohne jene flüchtige Empfindung des Scheins; und vielleicht erin-
nert sich mancher, gleich mir, in den Gefährlichkeiten und Schre-
cken des Traumes sich mitunter ermutigend und mit Erfolg zuge-
rufen zu haben: »Es ist ein Traum! Ich will ihn weiter träumen!«
Wie man mir auch von Personen erzählt hat, die die Kausalität
eines und desselben Traumes über drei und mehr aufeinanderfol-
gende Nächte hin fortzusetzen imstande waren: Tatsachen, welche
deutlich Zeugnis dafür abgeben, dass unser innerstes Wesen, der
gemeinsame Untergrund von uns allen, mit tiefer Lust und freudi-
ger Notwendigkeit den Traum an sich erfährt.

Friedrich Nietzsche, Die Geburt der Tragödie

DICHTER SPRECHEN

Nicht zu der Sonne frühen Reise,
Nicht wenn die Abendwolken landen,
Euch Kindern, weder laut noch leise,
Ja, kaum uns selber sei's gestanden,
Auf welch geheimnisvolle Weise
Dem Leben wir den Traum entwanden
Und ihn mit Weingewinden leise
An unsres Gartens Brunnen banden.

Hugo von Hofmannsthal

GEWEIHTER PLATZ

Wenn zu den Reihen der Nymphen, versammelt in
     heiliger Mondnacht,
Sich die Grazien heimlich herab vom Olympus gesellen:
Hier belauscht sie der Dichter und hört die schönen
     Gesänge,
Sieht verschwiegener Tänze geheimnisvolle Bewegung.
Was der Himmel nur Herrliches hat, was glücklich die
     Erde
Reizendes immer gebar, das erscheint dem wachenden
     Träumer.
Alles erzählt er den Musen, und dass die Götter nicht
     zürnen,
Lehren die Musen ihn gleich bescheiden Geheimnisse
     sprechen.

Johann Wolfgang Goethe

Denn wie widersinnig, unbegreiflich, ja unmöglich die Erscheinungen, die ein Traum darstellt, immerhin sein mögen, dem Träumenden kommen sie natürlich, begreiflich und glaublich vor. Der Dichter ahmt also, nach seiner Weise, dem Traum nach, indem er nicht nur durch die zuversichtliche, unbefangene Treuherzigkeit, womit er die unglaublichsten Dinge als geschehen erzählt, den Verstand des Zuhörers, wie sich Fräulein Nadine sehr glücklich ausdrückte, einschläfert, sondern wirklich das Natürliche mit dem Unnatürlichen so fein und künstlich zu verweben weiß, dass man Letzteres gleichsam unter dem Schutz des Erstern unangefochten durchschlüpfen lässt.

Christoph Martin Wieland,
Das Hexameron von Rosenhain

Apollinisch – dionysisch. – Es gibt zwei Zustände, in denen die Kunst selbst wie eine Naturgewalt im Menschen auftritt, über ihn verfügend, ob er will oder nicht: einmal als Zwang zur Vision, andrerseits als Zwang zum Orgiasmus. Beide Zustände sind auch im normalen Leben vorgespielt, nur schwächer: im Traum und im Rausch.

Aber derselbe Gegensatz besteht noch zwischen Traum und Rausch: beide entfesseln in uns künstlerische Gewalten, jede aber verschieden: der Traum die des Sehens, Verknüpfens, Dichtens; der Rausch die der Gebärde, der Leidenschaft, des Gesangs, des Tanzes.

Friedrich Nietzsche

Der Traum ist das Tempe-Tal und Mutterland der Fantasie: die
Konzerte, die in diesem dämmernden Arkadien ertönen, die ely-
sischen Felder, die es bedecken, die himmlischen Gestalten, die
es bewohnen, leiden keine Vergleichung mit irgendetwas, das die
Erde gibt, und ich habe oft gedacht: »Da der Mensch aus mancher-
lei schönen Träumen erwacht, aus denen der Jugend, der Hoff-
nung, des Glücks, der Liebe: ach könnt er nur – sie wären ihm
dann alle wiedergegeben – in den schönen Träumen des Schlum-
mers länger bleiben!«

Jean Paul, Leben des Quintus Fixlein

»Ein Traum in einem Traum«

–

Traum und Wirklichkeit

DAS LEBEN IST EIN TRAUM

Das Leben ist ein Traum!
Wir schlüpfen in die Welt und schweben
Mit jungem Zehn
Und frischem Gaum
Auf ihrem Wehn
Und ihrem Schaum,
Bis wir nicht mehr an Erde kleben:
Und dann, was ist's, was ist das Leben?
Das Leben ist ein Traum!
Das Leben ist ein Traum!
Wir lieben, uns're Herzen schlagen,
Und Herz an Herz
Geschmolzen kaum,
Ist Lieb' und Scherz
Ein lichter Schaum,
Ist hingeschwunden, weggetragen!
Was ist das Leben? hör' ich fragen:
Das Leben ist ein Traum!
Das Leben ist ein Traum!
Wir denken, zweifeln, werden Weise;
Wir teilen ein
In Art und Raum,
In Licht und Schein,
In Kraut und Baum,
Studieren und gewinnen Preise;
Dann, nah' am Grabe, sagen Greise:
Das Leben ist ein Traum!

Johann Wilhelm Ludwig Gleim

Es ist wirklich unglaublich, wie nichtssagend und bedeutungsleer, von außen gesehn, und wie dumpf und besinnungslos, von innen empfunden, das Leben der allermeisten Menschen dahinfließt. Es ist ein mattes Sehnen und Quälen, ein träumerisches Taumeln durch die vier Lebensalter hindurch zum Tode, unter Begleitung einer Reihe trivialer Gedanken. Sie gleichen Uhrwerken, welche aufgezogen werden und gehn, ohne zu wissen warum; und jedes Mal, dass ein Mensch gezeugt und geboren worden ist, ist die Uhr des Menschenlebens aufs Neue aufgezogen, um jetzt ihr schon zahllose Male abgespieltes Leierstück abermals zu wiederholen, Satz vor Satz und Takt vor Takt, mit unbedeutenden Variationen. – Jedes Individuum, jedes Menschengesicht und dessen Lebenslauf ist nur ein kurzer Traum mehr des unendlichen Naturgeistes, des beharrlichen Willens zum Leben, ist nur ein flüchtiges Gebilde mehr, das er spielend hinzeichnet auf sein unendliches Blatt, Raum und Zeit, und eine gegen diese verschwindend kleine Weile bestehn lässt, dann auslöscht, neuen Platz zu machen.

*****

Für die das principium individuationis durchschauende Erkenntnis ist ein glückliches Leben in der Zeit, vom Zufall geschenkt, oder ihm durch Klugheit abgewonnen, mitten unter den Leiden unzähliger andern, – doch nur der Traum eines Bettlers, in welchem er ein König ist, aber aus dem er erwachen muss, um zu erfahren, dass nur eine flüchtige Täuschung ihn von dem Leiden seines Lebens getrennt hatte.

*****

Das Leben und die Träume sind Blätter eines und des nämlichen Buches. Das Lesen im Zusammenhang heißt wirkliches Leben. Wann aber die jedesmalige Lesestunde (der Tag) zu Ende und die Erholungszeit gekommen ist, so blättern wir oft noch müßig und schlagen, ohne Ordnung und Zusammenhang, bald hier, bald dort ein Blatt auf: oft ist es ein schon gelesenes, oft ein noch unbekanntes, aber immer aus demselben Buch. So ein einzeln gelesenes Blatt ist zwar außer Zusammenhang mit der folgerechten Durchlesung: doch steht es hiedurch nicht so gar sehr hinter dieser zurück, wenn man bedenkt, dass auch das Ganze der folgerechten Lektüre ebenso aus dem Stegreife anhebt und endigt und sonach nur als ein größeres einzelnes Blatt anzusehn ist.

Arthur Schopenhauer, Die Welt als Wille und Vorstellung

Der Mensch ist ein Blinder, der vom Sehen träumt.

Friedrich Hebbel

SCHMETTERLINGSTRAUM

Einst träumte Dschuang Dschou, dass er ein Schmetterling sei, ein flatternder Schmetterling, der sich wohl und glücklich fühlte und nichts wusste von Dschuang Dschou. Plötzlich wachte er auf: da war er wieder wirklich und wahrhaftig Dschuang Dschou. Nun weiß ich nicht, ob Dschuang Dschou geträumt hat, dass er ein Schmetterling sei, oder ob der Schmetterling geträumt hat, dass er Dschuang Dschou sei, obwohl doch zwischen Dschuang Dschou und dem Schmetterling sicher ein Unterschied ist. So ist es mit der Wandlung der Dinge.

Dschuang Dsi, Das wahre Buch vom südlichen Blütenland

Liebe Freundin, der gemeine Verstand sagt uns, dass die Dinge der Erde nur wenig Dasein haben, und dass es Wirklichkeit nur in den Träumen gibt.

Charles Baudelaire

Zum Wind und Nebelreigen wehn
Rings Wiesenwische gar geschwind,
Man sieht sie durch die Fenster sehn,
Ob Träume etwa munter sind.

Hallo, da folgt ein loser Traum
Dem Schattenwink mit einem Satz
Und gibt dem Waldgespenst aus Schaum
Auf Bauch und Schenkel einen Schmatz!

Der Mond reißt seinen Silberspind
Auf einmal für die Tänzer auf,
Und manche kalte Hand von Wind
Beputzt bereits den Schemenhauf.

Das zieht sich ganz in Flitter an,
Die Nebel nicken, tut es nur,
Und glaubt, dass man uns trauen kann,
Auch wir sind Träume der Natur!

Nun schwebt mit leichtem Windestritt
So mancher Traum mit seinem Dunst,
Der Mond beleuchtet ihren Ritt
Und seine Tiere sind in Brunst.

Ein Traum wird über Feld gebracht,
Durch Haine, die noch unbewohnt;
Ein Märchen, das ein Elf erdacht,
Erzählt man ihm vom Silbermond.

Theodor Däubler

ROBESPIERRE. (…) Die Nacht schnarcht über der Erde und wälzt sich im wüsten Traum. Gedanken, Wünsche, kaum geahnt, wirr und gestaltlos, die scheu sich vor des Tages Licht verkrochen, empfangen jetzt Form und Gewand und stehlen sich in das stille Haus des Traums. Sie öffnen die Türen, sie sehen aus den Fenstern, sie werden halbwegs Fleisch, die Glieder strecken sich im Schlaf, die Lippen murmeln. – Und ist nicht unser Wachen ein hellerer Traum? sind wir nicht Nachtwandler? ist nicht unser Handeln wie das im Traum, nur deutlicher bestimmter, durchgeführter? Wer will uns darum schelten? In einer Stunde verrichtet der Geist mehr Taten des Gedankens, als der träge Organismus unsres Leibes in Jahren nachzutun vermag. Die Sünde ist im Gedanken. Ob der Gedanke Tat wird, ob ihn der Körper nachspielt, das ist Zufall.

Georg Büchner, Dantons Tod

Nur Traum

Wie hoch die Welt sich bäumet,
Wie laut auf breiter Spur
Das Leben schäumet,
Uns alle träumet
Der Weltgeist nur.

Friedrich Theodor Vischer

WER HAT'S GETRÄUMT?

»Majestät sollten nicht so laut schnurren«, sagte Alice, die sich die Augen rieb, respektvoll, doch mit einiger Strenge an das Kätzchen gewendet. »Du hast mich aus einem, auch, wirklich schönen Traum geholt! Und du warst mit mir mit, Kitty – in der Spiegelwelt die ganze Zeit. Hast du das gewusst, meine Kleine?«

Kätzchen haben manchmal die lästige Angewohnheit (und Alice hatte das schon mal angemerkt), dass sie immerzu schnurren, ganz gleich was man ihnen sagt. »Wenn sie wenigstens schnurren würden für ›ja‹ und miauen für ›nein‹ oder so etwas in der Art«, hatte sie gesagt, »damit ein ordentliches Gespräch zustande käme! Aber wie soll man mit jemandem reden, wenn man immer dasselbe zu hören bekommt?«

Auch zu diesem Thema konnte das Kätzchen bloß schnurren, und es war nicht möglich, dies als ›ja‹ oder ›nein‹ zu deuten.

Alice suchte nun die Schachfiguren auf dem Brett ab, bis sie die schwarze Königin gefunden hatte. Dann kniete sie sich auf den Teppich vor dem Kamin und postierte das Kätzchen und die Königin einander gegenüber. »Also, Kitty!«, rief sie und klatschte triumphierend in die Hände. »Gib zu, dass du dich in sie verwandelt hast!«

(»Aber sie schaute sie gar nicht an«, sagte sie, als sie die Sache hinterher ihrer Schwester beschrieb. »Sie wendete ihren Kopf ab und tat so, als würde sie sie nicht sehen. Aber sie schien mir ein bisschen in Verlegenheit gebracht, daher bin ich mir ziemlich sicher, dass sie die schwarze Königin war.«)

»Setz dich etwas aufrechter hin, meine Liebe!«, rief Alice fröhlich lachend. »Und mach einen Knicks, solange du dir überlegst, was du – was du schnurren willst. So sparst du Zeit, falls du dich

erinnerst!« Und sie hob sie empor und gab ihr ein Küsschen. »Nur
im Gedanken daran, dass du eine schwarze Königin warst.«

»Flöckchen, mein Schatz!«, fuhr sie fort und sah über ihre
Schulter hinweg nach dem weißen Kätzchen, das noch immer ge-
duldig die Wäsche über sich ergehen ließ. »Wann ist Dinah denn
endlich mit Eurer weißen Majestät fertig? Das wird der Grund
sein, warum du in meinem Traum so schlampig ausgesehen hast –
Dinah, ist dir klar, dass du eine weiße Königin sauber leckst? Das
ist doch wirklich ganz respektlos von dir!«

»Und zu wem wurde wohl Dinah?«, plapperte sie weiter, der-
weil sie es sich bequem machte, mit einem Ellbogen auf dem Tep-
pich, ihre Hand am Kinn, und die Kätzchen betrachtete. »Sag
schon, Dinah, hast du dich etwa in Humpty Dumpty verwandelt?
Ich würde sagen, ja – egal, erwähne es noch nicht deinen Freunden
gegenüber, ich bin mir noch nicht sicher.«

»Ach übrigens, Kitty, wenn du wirklich im Traum bei mir ge-
wesen wärst, dann hätte dir eine Sache ganz sicher gefallen – ich
habe so viele Gedichte zu hören bekommen, und allesamt über
Fische! Morgen früh mache ich dir eine große Freude. Während
deines Frühstücks werde ich dir die ganze Zeit ›Das Walross und
der Zimmermann‹ aufsagen, und dann, meine Liebe, kannst du dir
einbilden, es wären Austern!«

»So, Kitty, lass uns überlegen, wer das war, der das alles
geträumt hat. Das ist eine Frage von Bedeutung, meine Kleine,
und du kannst ruhig einmal das Pfotenlecken sein lassen – als
hätte dich Dinah nicht bereits heute Morgen gründlich sauber ge-
macht! Also, Kitty, ich oder der schwarze König, einer von uns bei-
den muss es gewesen sein. Er war Bestandteil meines Traums, das
steht fest – aber ich war auch Bestandteil seines Traums! War's der
schwarze König, Kitty? Du warst die Frau an seiner Seite, meine

Liebe, also müsstest du es wissen – ach Kitty, komm, hilf mir doch! Deine Pfote kann nun wirklich warten!« Doch das sture Kätzchen machte nur mit der anderen Pfote weiter und tat so, als hätte es die Frage nicht verstanden.

Und du, wer, meinst du, war es?

> An einem Juliabend fährt
> Langsam ein Boot, in sich gekehrt,
> Inmitten der Sonne unbeschwert –

> Chor lieber Kinder, kommt herbei,
> Erzähl'n soll ich euch allerlei?
> Platziert euch, Mädchen, alle drei.

> Längst ist die Sonne schon gewichen,
> Erinnerungen sind verblichen,
> Ach, Herbsteskälte eingeschlichen.

> Schattenhaft noch folgt sie mir,
> Alice, Himmelspassagier,
> Nie sah ein wacher Blick sie hier.

> Chor lieber Kinder, da ich soll
> Euch was erzählen freudenvoll,
> Lasst Euch nur nieder ohne Groll.

Ich seh euch träumen im Wunderland,
Derweil die Tage vergehn rasant,
Derweil der Sommer verrinnt wie Sand.

Er treibt hinab den engen Saum –
Läuft aus im gold'nen Himmelsraum –
Leben, was ist's – nur ein Traum?

Lewis Carroll, Alice hinter den Spiegeln

Ein Traum in einem Traum

Auf die Stirn nimm diesen Kuss!
Und da ich nun scheiden muss,
So bekenne ich zum Schluss
Dies noch: Unrecht habt ihr kaum,
Die ihr meint, ich lebte Traum;
Doch, wenn Hoffnung jäh enflohn
In Tag, in Nacht, in Vision
Oder anderm Sinn und Wort –
Ist sie darum weniger fort?
Schaun und Scheinen ist nur Schaum,
Nichts als Traum in einem Traum!

Mitten in dem Wogenbrand
Steh' ich an gequältem Strand,
Und ich halte in der Hand
Körner von dem goldnen Sand –
Wenig, dennoch ach, sie rinnen
Durch die Finger mir von hinnen –
Weinen muss ich, weinend sinnen!
Ach, kann ich nicht fester fassen,
Um sie nicht hinwegzulassen?
Ach, kann ich nicht eins in Hut
Halten vor der Woge Wut?
Ist all Schaun und Schein nur Schaum –
Nichts als Traum in einem Traum?

Edgar Allan Poe

Veronikas Fiebertraum

Der Postillion stieß schmetternd in sein Horn, die Alte kugelte um
in ihren Sud hinein, und alles war mit einem Mal verschwunden
in dickem Qualm. – Ob du das Mädchen, das du nun mit recht
innigem Verlangen in der Finsternis suchtest, gefunden hättest,
mag ich nicht behaupten, aber den Spuk des alten Weibes hattest
du zerstört und den Bann des magischen Kreises, in den sich Ve-
ronika leichtsinnig begeben, gelöset. – Weder du, günstiger Le-
ser, noch sonst jemand fuhr oder ging aber am dreiundzwanzigs-
ten September in der stürmischen, den Hexenkünsten günstigen
Nacht des Weges, und Veronika musste ausharren am Kessel in
tödlicher Angst, bis das Werk der Vollendung nahe. – Sie vernahm
wohl, wie es um sie her heulte und brauste, wie allerlei widrige
Stimmen durcheinander blökten und schnatterten, aber sie schlug
die Augen nicht auf, denn sie fühlte, wie der Anblick des Grässli-
chen, des Entsetzlichen, von dem sie umgeben, sie in unheilbaren
zerstörenden Wahnsinn stürzen könne. Die Alte hatte aufgehört
im Kessel zu rühren, immer schwächer und schwächer wurde der
Qualm, und zuletzt brannte nur eine leichte Spiritusflamme im
Boden des Kessels. Da rief die Alte: »Veronika, mein Kind! mein
Liebchen! Schau' hinein in den Grund! – was siehst du denn – was
siehst du denn?« – Aber Veronika vermochte nicht zu antworten,
unerachtet es ihr schien, als drehten sich allerlei verworrene Fi-
guren im Kessel durcheinander; immer deutlicher und deutlicher
gingen Gestalten hervor, und mit einem Mal trat, sie freundlich
anblickend und die Hand ihr reichend, der Student Anselmus aus
der Tiefe des Kessels. Da rief sie laut: »Ach, der Anselmus! – der
Anselmus!« – Rasch öffnete die Alte den am Kessel befindlichen
Hahn, und glühendes Metall strömte zischend und prasselnd in

eine kleine Form, die sie danebengestellt. Nun sprang das Weib auf und kreischte mit wilder, grässlicher Gebärde sich herumschwingend: »Vollendet ist das Werk – Dank dir, mein Junge! – hast Wache gehalten – Hui – Hui – er kommt! – beiß ihn tot – beiß ihn tot!« Aber da brauste es mächtig durch die Lüfte, es war, als rausche ein ungeheurer Adler herab, mit den Fittichen um sich schlagend, und es rief mit entsetzlicher Stimme: »Hei, bei! – ihr Gesindel! nun ist's aus – nun ist's aus – fort zu Haus!« Die Alte stürzte heulend nieder, aber der Veronika vergingen Sinn' und Gedanken. – Als sie wieder zu sich selbst kam, war es heller Tag geworden, sie lag in ihrem Bette, und Fränzchen stand mit einer Tasse dampfenden Tees vor ihr, sprechend: »Aber sage mir nur, Schwester, was dir ist, da stehe ich nun schon eine Stunde oder länger vor dir, und du liegst wie in der Fieberhitze besinnungslos da und stöhnst und ächzest, dass uns angst und bange wird. Der Vater ist deinetwegen heute nicht in die Klasse gegangen und wird gleich mit dem Herrn Doktor hereinkommen.« – Veronika nahm schweigend den Tee; indem sie ihn hinunterschlürfte, traten ihr die grässlichen Bilder der Nacht lebhaft vor Augen. »So war denn wohl alles nur ein ängstlicher Traum, der mich gequält hat? – Aber ich bin doch gestern Abend wirklich zur Alten gegangen, es war ja der dreiundzwanzigste September? – Doch bin ich wohl schon gestern recht krank geworden und habe mir das alles nur eingebildet, und nichts hat mich krank gemacht als das ewige Denken an den Anselmus und an die wunderliche alte Frau, die sich für die Liese ausgab und mich wohl nur damit geneckt hat.« – Fränzchen, die hinausgegangen, trat wieder herein mit Veronikas ganz durchnässtem Mantel in der Hand. »Sieh nur, Schwester«, sagte sie, »wie es deinem Mantel ergangen ist; da hat der Sturm in der Nacht das Fenster aufgerissen und den Stuhl, auf dem der Mantel lag, umgeworfen; da

hat es nun wohl hineingeregnet, denn der Mantel ist ganz nass.« –
Das fiel der Veronika schwer aufs Herz, denn sie merkte nun wohl,
dass nicht ein Traum sie gequält, sondern dass sie wirklich bei der
Alten gewesen. Da ergriff sie Angst und Grausen, und ein Fieber-
frost zitterte durch alle Glieder. Im krampfhaften Erbeben zog sie
die Bettdecke fest über sich; aber da fühlte sie, dass etwas Hartes
ihre Brust drückte, und als sie mit der Hand danach fasste, schien
es ein Medaillon zu sein; sie zog es hervor, als Fränzchen mit dem
Mantel fortgegangen, und es war ein kleiner runder, hell polierter
Metallspiegel. »Das ist ein Geschenk der Alten«, rief sie lebhaft,
und es war, als schössen feurige Strahlen aus dem Spiegel, die in
ihr Innerstes drangen und es wohltuend erwärmten. Der Fieber-
frost war vorüber, und es durchströmte sie ein unbeschreibliches
Gefühl von Behaglichkeit und Wohlsein.

E. T. A. Hoffmann, Der goldene Topf

O ein Gott ist der Mensch, wenn er träumt, ein Bettler, wenn er
nachdenkt, und wenn die Begeisterung hin ist, steht er da, wie ein
missratener Sohn, den der Vater aus dem Hause stieß, und be-
trachtet die ärmlichen Pfennige, die ihm das Mitleid auf den Weg
gab.

Friedrich Hölderlin, Hyperion

Wie schlafend unterm Flügel ein Pfau den Schnabel hält,
Von luft'gen Vogelträumen die blaue Brust geschwellt,
Geduckt auf einem Fuße, dann plötzlich oft einmal,
Im Traume fantasierend, das Funkelrad er stellt:
So hing betäubt und trunken, ausreckend Berg und Tal,
Der große Wundervogel in tiefem Schlaf, die Welt.
So schwoll der blaue Himmel von Träumen ohne Zahl,
Mit leisem Knistern schlug er ein Rad, das Sternenzelt.

Gottfried Keller

AM 22. MAI.

Dass das Leben des Menschen nur ein Traum sei, ist manchem
schon so vorgekommen, und auch mit mir zieht dieses Gefühl im-
mer herum. Wenn ich die Einschränkung ansehe, in welcher die
tätigen und forschenden Kräfte des Menschen eingesperrt sind;
wenn ich sehe, wie alle Wirksamkeit dahinaus läuft, sich die Be-
friedigung von Bedürfnissen zu verschaffen, die wieder keinen
Zweck haben, als unsere arme Existenz zu verlängern, und dann,
dass alle Beruhigung über gewisse Punkte des Nachforschens nur
eine träumende Resignation ist, da man sich die Wände, zwischen
denen man gefangen sitzt, mit bunten Gestalten und lichten Aus-
sichten bemalt – Das alles, Wilhelm, macht mich stumm. Ich kehre
in mich selbst zurück, und finde eine Welt! Wieder mehr in Ah-
nung und dunkler Begier als in Darstellung und lebendiger Kraft.
Und da schwimmt alles vor meinen Sinnen, und ich lächle dann
so träumend weiter in die Welt.

Johann Wolfgang Goethe, Die Leiden des jungen Werther

Die Welt wird Traum, der Traum wird Welt
Und was man geglaubt, es sei geschehn
Kann man von Weitem erst kommen sehn.

Novalis

PROSPERO. Mein Sohn, Ihr blickt ja auf verstörte Weise,
Als wäret Ihr bestürzt: seid guten Muts!
Das Fest ist jetzt zu Ende; unsre Spieler,
Wie ich Euch sagte, waren Geister und
Sind aufgelöst in Luft, in dünne Luft.
Wie dieses Scheines lockrer Bau, so werden
Die wolkenhohen Türme, die Paläste,
Die hehren Tempel, selbst der große Ball,
Ja, was daran nur teilhat, untergehn
Und, wie dies leere Schaugepräng erblasst,
Spurlos verschwinden. Wir sind solcher Stoff
Wie der zu Träumen, und dies kleine Leben
Umfasst ein Schlaf. (…)

William Shakespeare, Der Sturm

SIGISMUND. Dies ist Wahrheit; darum zäumen
Wollen wir den rauen Mut,
Diesen Ehrgeiz, diese Wut,
Wenn wir wieder einmal träumen.
Wohl geschieht's; denn in den Räumen
Dieser Wunderwelt ist eben
Nur ein Traum das ganze Leben;
Und der Mensch (das seh' ich nun)
Träumt sein ganzes Sein und Tun,
Bis zuletzt die Träum' entschweben.
König sei er, träumt der König;
Und, in diesen Wahn versenkt,
Herrscht, gebietet er und lenkt.
Alles ist ihm untertänig;
Doch es bleibt davon ihm wenig,
Denn sein Glück verkehrt der Tod
Schnell in Staub – o bittre Not!
Wen kann Herrschaft lüstern machen,
Der da weiß, dass ihm Erwachen
In des Todes Traume droht?
Auch der Reiche träumt; ihm zeigen
Schätze sich, doch ohne Frieden.
Auch der Arme träumt hienieden,
Er sei elend und leibeigen.
Träumet, wer beginnt, zu steigen;
Träumet, wer da sorgt und rennt;
Träumet, wer von Hass entbrennt;
Kurz, auf diesem Erdenballe
Träumen, was sie leben, alle,
Ob es keiner gleich erkennt.

So auch träumt mir jetzt, ich sei
Hier gefangen und gebunden;
Und einst träumte mir von Stunden,
Da ich glücklich war und frei.
Was ist Leben? Raserei!
Was ist Leben? Hohler Schaum,
Ein Gedicht, ein Schatten kaum!
Wenig kann das Glück uns geben:
Denn ein Traum ist alles Leben
Und die Träume selbst ein Traum.

Pedro Calderón de la Barca, Das Leben ein Traum

Ich denke immer dein wie an die träume
Drin · eine ganze lange selige nacht ·
Ein nie gesehen antlitz uns zulacht
So unaussprechlich lieb · dass bei dem dämmern

Des bleichen morgens noch die tränen strömen
Aus halb geschlossnem aug · bis wir uns sacht
Und schweigsam heben · klagevoll bedacht
Dass schöne träume nimmer wiederkommen.

Denn alles liegt in ewigem schlaf befangen
In ewiger nacht auf die kein morgen tagt ·
Das ganze leben gleicht dem wunder-bangen

Schreckvollen traum den einst die nacht verjagt –
Doch in dem traum ein traum voll licht und sange:
Mein traum so süss begrüsst · so sanft beklagt.

Stefan George

Ich weiß überall von keinem Sein, und auch nicht von meinem
eigenen. Es ist kein Sein. – Ich selbst weiß überhaupt nicht, und bin
nicht. Bilder sind: sie sind das Einzige, was da ist, und sie wissen
von sich, nach Weise der Bilder: – Bilder, die vorüberschweben,
ohne dass etwas sei, dem sie vorüberschweben; die durch Bilder
von den Bildern zusammenhängen, Bilder, ohne etwas in ihnen
Abgebildetes, ohne Bedeutung und Zweck. Ich selbst bin eins die-
ser Bilder; ja, ich bin selbst dies nicht, sondern nur ein verworre-
nes Bild von den Bildern. – Alle Realität verwandelt sich in einen
wunderbaren Traum, ohne ein Leben, von welchem geträumt
wird, und ohne einen Geist, dem da träumt; in einen Traum, der
in einem Traume von sich selbst zusammenhängt. Das Anschauen
ist der Traum; das Denken, – die Quelle alles Seins und aller Reali-
tät, die ich mir einbilde, meines Seins, meiner Kraft, meiner Zwe-
cke, – ist der Traum von jenem Traume.

Johann Gottlieb Fichte, Die Bestimmung des Menschen

Wie oft träumt man und weiß, dass man nur träumt. Aber man
weiß auch, dass das Zimmer noch nicht geheizt, der Kaffee noch
nicht gekocht ist, und träumt fort.

Friedrich Hebbel

… Und sagen sie das Leben sei ein Traum: das nicht;
nicht Traum allein. Traum ist ein Stück vom Leben.
Ein wirres Stück, in welchem sich Gesicht
und Sein verbeißt und ineinanderflicht
wie goldne Tiere, Königen von Theben
aus ihrem Tod genommen (der zerbricht).

Traum ist Brokat der von dir niederfließt,
Traum ist ein Baum, ein Glanz der geht, ein Laut –;
ein Fühlen, das in dir beginnt und schließt
ist Traum; ein Tier das dir ins Auge schaut
ist Traum; ein Engel welcher dich genießt
ist Traum. Traum ist das Wort, das sanften Falles
in dein Gefühl fällt wie ein Blütenblatt
das dir im Haar bleibt: licht, verwirrt und matt –,
hebst du die Hände auf: auch dann kommt Traum,
kommt in sie wie das Fallen eines Balles –;
fast alles träumt –,
du aber trägst das alles.

Du trägst das alles. Und wie trägst du's schön.
So wie mit deinem Haar damit beladen.
Und aus den Tiefen kommt es, von den Höhn
kommt es zu dir und wird von deinen Gnaden …

Da wo du bist hat nichts umsonst geharrt,
um dich die Dinge nehmen nirgend Schaden,
und mir ist so als hätt ich schon gesehn,
dass Tiere sich in deinen Blicken baden
und trinken deine klare Gegenwart.

Nur wer du bist: das weiß ich nicht. Ich weiß
nur deinen Preis zu singen: Sagenkreis
um eine Seele,
Garten um ein Haus,
in dessen Fenstern ich den Himmel sah –,

Und wenn es Nacht ist –: was für große Sterne
müssen sich nicht in diesen Fenstern spiegeln …

Rainer Maria Rilke

Ein Traum, ein Traum ist unser Leben
Auf Erden hier.
Wie Schatten auf den Wogen schweben
Und schwinden wir
Und messen unsre trägen Tritte
Nach Raum und Zeit;
Und sind (und wissen's nicht) in Mitte
Der Ewigkeit.

Johann Gottfried Herder

VERTRÄUMTE TAGE

Tage, die ich voll verträumte –
Oh, du von Erinnerung
Zart beschwingte, sanft umsäumte
Schar der frühen Dämmerung! –

Warum schwebt ihr wieder gleitend
Nahe an mein Leben hin,
Meine Stunden neu verleitend
Wolkig mit euch hinzuziehn?

Ist denn wirklich Traum das Leben,
Sinnen süßer als das Schaun?
Soll ich wieder mich dem Schweben
Eurer Schwingen anvertraun?

Dunkel sich zu Bildern bauschend
Kreisen mich die Träume ein,
Blind betörend, süß berauschend
Lockt ihr dämmernd Nahesein.

Und ich fühle: ein Ermatten
Macht mich ihrem Mahnen schwach;
Willenlos, ein dumpfer Schatten
Irrt mein Tag den Träumen nach.

Stefan Zweig

Nachwort

»Träume und Dichtergebilde sind eng miteinander verschwistert«[2], heißt es in Friedrich Hebbels Gedicht *Traum und Poesie* (s. S. 194). Beide entspringen, so die Begründung des verwandtschaftlichen Verhältnisses, »nicht bloß im tiefsten Bedürfnis der Seele«[3], sondern »zugleich in dem unendlichen All«[4]. Das klingt sehr romantisch – fast esoterisch. Doch vielleicht lohnt es sich, das Verhältnis von Traum und Literatur genauer in den Blick zu nehmen. Denn allein die schiere Fülle an Literatur, die den Traum auf die ein oder andere Weise behandelt, ist auffällig. Seit Jahrtausenden drängt es offensichtlich den nachdenkenden Menschen, über Träume zu schreiben. Warum nur?

Zunächst einmal ist der Traum eine äußerst rätselhafte Angelegenheit. Allein das macht ihn schon zu einem höchst spannenden poetischen und philosophischen Sujet – ganz ähnlich wie auch andere Mysterien des Menschenlebens, allen voran Liebe und Tod, immer wieder literarisch beschworen wurden und werden. Das Unerklärliche will erklärt und enträtselt werden; zumindest will man ihm eine wie auch immer geartete Funktion zuweisen. Da der Traum sich dem Menschen im Schlaf unaufgefordert aufdrängt, man mit geschlossenen Augen etwas sieht, das oft allen irdischen Gesetzen widerspricht, liegt es nahe, ihn zunächst überirdisch zu verorten. In der Vorstellung des antiken Menschen wurden Träume, zumindest die bedeutsam scheinenden,

---

[2] Hebbel, Friedrich: *Traum und Poesie*. Aus: *Gedicate* (Ausgabe letzter Hand), *Sämtliche Werke*, 1. Abteilung. B. Behr, Berlin 1911 ff

[3] ebd.

[4] ebd.

deshalb als außerweltliche Eingebungen angesehen: Botschaften, Prophezeiungen, Warnungen von Göttern oder Verstorbenen. So erscheint etwa dem Helden Achill in Homers *Ilias* sein gefallener Freund Patroklos im Traum, um ihm Anweisungen für seine Bestattung zu geben (s. S. 85). Hekabe, Königsgattin von Troja, erhält bereits vor der Geburt ihres Sohnes Paris eine göttliche Traumbotschaft, die Paris als Verursacher der trojanischen Katastrophe voraussieht (s. S. 90). Und nicht nur die griechischen Götter, auch der Gott der Bibel sendet im Alten wie im Neuen Testament mit Vorliebe Träume an auserwählte Persönlichkeiten: Etwa an den ägyptischen Pharao, der sich die verschlüsselten Botschaften vom inhaftierten Josef deuten lässt; oder an Jakob den verheißungsvollen Traum von der Himmelsleiter (s. S. 88).

An dieser Stelle entdecken wir schon eine erste Verbindung zwischen Traum und Literatur: In seiner Funktion, göttliche oder sonst wie außerweltliche Botschaften zu übermitteln, zeigt sich der Traum als hervorragendes stilistisches Mittel: Er initiiert oder verhindert Handlungen, weist auf kommende Ereignisse hin und fungiert als (allerdings recht einseitiges) Sprachrohr des Göttlichen, Jenseitigen zu den Menschen.

Aber auf diese eher funktionale Beziehung verweist Hebbel wohl kaum, wenn er von »Verschwisterung« und gemeinsamem Ursprung im »unendlichen All« dichtet. Wir suchen also weiter und machen einen großen Zeitsprung ins achtzehnte Jahrhundert. Zahlreiche Träume finden wir in den poetischen Werken der Aufklärer, Klassiker, Stürmer und Dränger. Allerdings fühlt man sich hier meist stark an die Antike erinnert: Die Träume der Protagonisten nehmen zukünftige Ereignisse vorweg oder dienen dazu, Gemütszustände stärker auszuleuchten. In Lessings *Emilia Galotti* träumt die Protagonistin vor der Hochzeit, dass sich die

Perlen ihres Geschmeides in Tränen verwandeln – geradezu ein Wink mit dem Zaunpfahl, dass eine Katastrophe bevorsteht (s. S. 99). In *Wallensteins Tod* sieht die Frau des großen Feldherrn im Traum dessen Grabstätte und ist zurecht beunruhigt – erstaunlicherweise im Gegensatz zu ihrem ansonsten höchst abergläubischen Gatten (s. S. 84). In der philosophischen Literatur des achtzehnten Jahrhunderts dagegen erfährt der Traum – vor allem der Traum als bedeutsames oder gar göttliches Phänomen – im Zuge der europäischen Aufklärung eine deutliche Abwertung. Das ist kaum verwunderlich, sprachen doch die Aufklärer der menschlichen Vernunft und damit dem wachen Tagesbewusstein gleichsam das Herrschaftsmonopol zu. Schon der Begriff ›Aufklärung‹ (im Englischen eigentlich noch schöner: *Enlightenment*) lässt vermuten, dass die Denker dieser Epoche der dunklen Nachtseite der menschlichen Seele nicht viel abgewinnen konnten. Schläft der Mensch, schläft auch die Vernunft; und was dieses buchstäblich umnachtete Hirn dann produziert, kann unmöglich relevant und schon gar nicht göttlich sein. Denn das Göttliche im Menschen ist eben seine Vernunft, seine Fähigkeit zu rationalem, logischem Denken. Für Immanuel Kant sind Träume deshalb »lauter wilde und abgeschmackte Chimären«[5], entstanden dadurch, dass »Ideen der Fantasie und die der äußeren Empfindung untereinander geworfen«[6] werden (s. S. 61).

Doch dann setzt am Ende des 18. Jahrhunderts in der Literatur und Philosophie der Romantik eine gedankliche Gegenbewegung ein. War die Aufklärung mit Leib und Seele der strahlenden Sonne der Vernunft verhaftet, stürzen sich die Romantiker nun mit nicht

---

[5] Kant, Immanuel: *Träume eines Geistersehers, erläutert durch Träume der Metaphysik, Werke in zwölf Bänden.* Bd. 2. Suhrkamp, Frankfurt am Main 1977

[6] ebd.

weniger Enthusiasmus auf die Nacht und alles mit ihr Verwandte. Tausendfach wird sie poetisch beschworen, am eindrucksvollsten vielleicht in Novalis' berühmten *Hymnen an die Nacht:* »Trägt nicht alles, was uns begeistert, die Farbe der Nacht?«[7] – das ist für den romantischen Dichter selbstverständlich eine rein rhetorische Frage. Natürlich tut es das; und mehr noch: »Sie trägt dich mütterlich und ihr verdankst du all deine Herrlichkeit. Du verflögst in dir selbst – in endlosen Raum zergingst du, wenn sie dich nicht hielte, dich nicht bände, dass du warm würdest und flammend die Welt zeugtest.«[8] Hier wird die Nacht zur lebensspendenden Mutter, die nicht nur wärmt und schützt, sondern gleichzeitig zur ›Zeugung‹ – und das meint nicht zuletzt den poetischen Schöpfungsakt – inspiriert. In der Romantik wird die Nacht zur Quelle wahrer Poesie, und mit ihr, wie Jean Paul – Dichter zwischen Klassik und Romantik – es ausdrückt, ebenso der Traum zum »Mutterland der Fantasie«[9].

In diesen Gedanken sehen wir nun tatsächlich die Hebbelsche Idee der engen Verbindung zwischen Traum und Literatur am Werk. Wenn wir uns weitere romantische Texte ansehen, lässt sich diese Verwandtschaftsbeziehung womöglich noch auf andere Weise bestimmen. Im *116. Athenäums-Fragment* proklamiert Friedrich Schlegel, gewissermaßen Chef-Theoretiker der Frühromantik, die romantische Poesie als »progressive Universalpoesie«[10], deren ureigenes Wesen es sei, »dass sie ewig nur werden, nie

---

[7] Novalis: *Hymnen an die Nacht.* Anaconda, Köln 2006

[8] ebd.

[9] Paul, Jean: *Leben des Quintus Fixlein, Werke*, Bd. 4. Hanser, München 1959–1963

[10] Schlegel, Friedrich: *116. Athenäums-Fragment.* Aus: *Athenäums-Fragmente, Kritische Friedrich-Schlegel-Ausgabe*, Erste Abteilung: Kritische Neuausgabe, Band 2. Schöningh, München, Paderborn, Wien, Zürich 1967

vollendet sein kann«[11]. Nur diese Poesie allein sei »unendlich, wie sie allein frei ist, und das als ihr erstes Gesetz anerkennt, dass die Willkür des Dichters kein Gesetz über sich leide«[12]. Indem Schlegel hier auf das Unvollendete der Poesie als Ideal verweist, spielt er auf eine der liebsten literarischen Formen der Romantik an: das Fragment. Anders als die Aufklärer streben die Romantiker kein in sich abgeschlossenes Werk an, sondern etwas, dass, wie Schlegel schreibt, »ewig nur werden« kann, sich unendlich weiterentwickelt und weitergedacht wird – und eben dies bedeuten die Attribute ›progressiv‹ und ›universal‹ für die romantische Poesie. Weist nicht der Traum ganz ähnliche strukturelle Merkmale auf? Sind nicht auch unsere Träume oft fragmentarisch, bruchstückhaft und unendlich deutbar? Schauen wir auf den anderen Aspekt der Schlegelschen Definition, den Anspruch, dass die »Willkür des Dichters kein Gesetz über sich leide«, wird die Parallele zwischen Traum und romantischem Poesie-Ideal vielleicht noch deutlicher. Was die Aufklärer so harsch ablehnen, das freie, nicht vernunftgebundene und willkürliche Spiel, bestimmt Schlegel hier zum zentralen Wesensmerkmal romantischer Literatur. Und dieses zumindest scheinbar willkürliche Spiel, bei dem unsere Vernunft allenfalls eine untergeordnete Rolle spielt – finden wir dies nicht auch in unseren Träumen?

Man darf an dieser Stelle allerdings nicht zu dem Schluss kommen, es gehe den Romantikern um eine völlig anarchische Form der Poesie. Die Vernunft soll keineswegs ausgeschaltet werden – nur wird ihr das Herrschaftszepter entrissen. So schreibt der Frühromantiker Ludwig Tieck: »Die Träume sind vielleicht

---

[11]   ebd.

[12]   ebd.

unsre höchste Philosophie, die Schlüsse der Schwärmer sind für
uns deswegen vielleicht unverständlich und lückenvoll, weil wir es
nicht begreifen, wie in ihnen Vernunft und Gefühl vereinigt ist«[13]
(s. S. 62). Angestrebt wird also eine Vereinigung von Vernunft und
Gefühl – und wir dürfen, spätestens seit Sigmund Freud, anneh-
men, dass auch unsere Träume nicht nur anarchisch wirre Gebilde
sind, sondern eine zwar eigene, aber dennoch sinnvolle Sprache
sprechen. Aber wie der idealen romantischen Poesie unterliegt
auch ihnen keine rational gesteuerte Grammatik.

Dass selbst in unseren noch so wahnwitzig erscheinenden
Traumbildern ein verborgener Sinn liegen könnte, hält Friedrich
Hebbel ein gutes halbes Jahrhundert vor Erscheinen von Freuds
Traumdeutung zumindest für denkbar. In seinem Tagebuch no-
tiert Hebbel im November 1843: »Wahnsinnige, verrückte Träume,
die uns selbst im Traum doch vernünftig vorkommen: die Seele
setzt mit einem Alphabet, dass sie noch nicht versteht, unsin-
nige Figuren zusammen, wie ein Kind mit den 24 Buchstaben; es
ist aber gar nicht gesagt, dass dies Alphabet an und für sich un-
sinnig ist.«[14] (s. S. 69). Wie eine Antwort und Fortführung die-
ser Gedanken erscheint der Kern der Freudschen Traumtheorie.
Der Wiener Nervenarzt erklärt uns in *Die Traumdeutung*, »dass
der Traum wirklich einen Sinn hat und keineswegs der Ausdruck
einer zerbröckelten Hirntätigkeit ist (…)«[15]. Der Traum »ist nicht
sinnlos, nicht absurd, setzt nicht voraus, dass ein Teil unseres Vor-
stellungsschatzes schläft, während ein anderer zu erwachen be-

---

[13]   Tieck, Ludwig: *Geschichte des Herrn William Lovell, Werke in vier Bänden*, Bd. 1.
       Winkler, München 1963

[14]   Hebbel, Friedrich: *Tagebücher 1843– 1847*, Bd. 2. Dtv, München 1984

[15]   Freud, Sigmund: *Die Traumdeutung, Gesammelte Werke*. Anaconda, Köln 2014

ginnt.«[16] Vielmehr: »(…) eine hoch komplizierte geistige Tätig-
keit hat ihn aufgebaut.«[17] Im Traum bricht sich für Freud das aus
dem Wachbewusstsein verbannte Seelenleben Bahn: »Das see-
lisch Unterdrückte, welches im Wachleben durch die gegensätz-
liche Erledigung der Widersprüche am Ausdruck gehindert und
von der inneren Wahrnehmung abgeschnitten wurde, findet im
Nachtleben und unter der Herrschaft der Kompromisshandlun-
gen Mittel und Wege, sich dem Bewusstsein aufzudrängen.«[18] (s.
S. 68) Freud macht sich daran, mithilfe der von ihm entwickelten
psychoanalytischen Methode die Hieroglyphenschrift des Traums
zu entschlüsseln, um das Unterdrückte, Quälende ans Tageslicht
zu bringen. Durch das Bewusstwerden und Verstehen der Träume
hofft Freud, die Leiden seiner neurotischen Patienten zu heilen
oder wenigstens zu lindern. Denn den Ursprung der vielfältigen
Neurosen sieht Freud eben genau in diesen unterdrückten und oft
quälenden, schmerzhaften Bewusstseinsinhalten. Den Traum zu
entfesseln und ihn aus der seelischen Nacht ans Tageslicht zu brin-
gen, fordert auch Freuds Zeitgenosse Rainer Maria Rilke, wenn er
dichtet: »Träume, die in deinen Tiefen wallen, / aus dem Dunkel
lass sie alle los. / Wie Fontänen sind sie, und sie fallen / Lichter
und in Liederintervallen / Ihren Schalen wieder in den Schoß.«[19]
(S. 62). Im Bild der Wasserfontäne gestaltet Rilke, der Träume in
zahlreichen Gedichten beschwört (s. z. B. *Der Träumer*, S. 48; …
Und sagen sie das Leben sei ein Traum, S. 222), den Traum als et-
was Kraftvolles und Lebensspendendes; und diese Kraft ist bei Rilke

---

[16]   ebd.

[17]   ebd.

[18]   ebd.

[19]   Rilke, Rainer Maria: *Träume, die in deinen Tiefen wallen*. Aus: *Mir zur Feier, Die Ge-
        dichte, Gesammelte Werke*, Bd. 3. Anaconda, Köln 2020

vor allem eine poetische: Träume verwandeln sich in »Liederinter-
valle (…)«. Wenn sie aus dem dunklen Unbewussten hervorgeholt
werden, kann sich der Mensch ihrer schöpferischen Kraft auch im
bewussten Wachzustand bedienen. Das erinnert an die romanti-
sche Geburt der Poesie aus Nacht und Traum, wie Novalis und
Jean Paul sie beschreiben. Und vielleicht liegt hierin, in der Ver-
wandlung von Träumen in Literatur, auch etwas Heilsames. Denn
der Mensch schreibt unter anderem auch, um seinen seelischen
Regungen – schönen wie schmerzhaften – Ausdruck zu verleihen
und sie in eine Form zu gießen, in der sie leichter zu bewältigen
sind. Weil sie nach außen, ans Licht gebracht, nun mit einer gewis-
sen Distanz betrachtet werden können.

Wir sehen sie jetzt, die Verwandtschaft zwischen Traum und
Literatur. Und je weiter man eintaucht in die Beziehung von
Traum und Poesie, desto deutlicher ahnt man, dass sich noch wei-
tere mögliche Anknüpfungspunkte zwischen beiden finden ließen.
Ein weiterer soll diese Betrachtung beschließen:

Die Tatsache, dass es Träume gibt, die uns – während wir sie
träumen – sehr real vorkommen, wirft seit Jahrtausenden eine zen-
trale philosophische Frage auf: Wie real ist die sogenannte Reali-
tät? Wer sagt uns mit Sicherheit, was Traum ist und was Wirklich-
keit? Ist der Weise Dschuang Dsi nun ein Philosoph, der träumt,
ein Schmetterling zu sein oder ein Schmetterling, der träumt, ein
Philosoph zu sein (s. S. 205)? Barbara Frischmuth weist in ihrem
Essay *Traum der Literatur – Literatur des Traums* darauf hin, dass
bei dieser gefühlten »unsichere(n) Grenze zwischen Sein und
Schein (…) immer auch ein mögliches ›Kein‹ mitschwingt«[20]. Das
ist beängstigend und faszinierend zugleich; und es berührt wie-

---

[20]   Frischmuth, Barbara: *Traum der Literatur – Literatur des Traums. Münchner Poetik-
Vorlesungen.* Residenz-Verlag, Salzburg und Wien 1991

derum ein Wesensmerkmal literarischen Schaffens: Das Spiel mit verschiedenen Realitäten, die Möglichkeit, andere Wirklichkeiten entstehen zu lassen und die Grenzen zwischen Schein und Sein auszuloten und zu verwischen. Wie in unseren Träumen ist in der Literatur alles möglich, alles denkbar – vielleicht aber auch alles ein großes Nichts. Lassen wir Prospero, dem Zauberer aus Shakespeares *Sturm*, das letzte Wort in dieser Angelegenheit: »We are such stuff /As dreams are made on; and our little life / Is rounded with a sleep.«[21]

---

[21] Shakespeare, William: *The Tempest. Third Series,* The Arden Shakespeare. Bloomsbury, London 2011

Quellenverzeichnis

Peter **Altenberg**: *Niemand kann das erträumen.* Aus: *Diogenes in
Wien. Aphorismen, Skizzen und Geschichten,* Bd. 1. Volk und
Welt, Berlin 1979

Artemidoros aus Daldis: *Traum und Traumgesicht (Die Unterschei-
dung zwischen dem Traume einerseits).* Aus: *Symbole der Träume.*
Übers. von Friedrich S. Krauss. Hartleben, Wien, Leipzig 1881

Charles **Baudelaire**: *Liebe Freundin.* Aus: *Die künstlichen Paradiese.*
Übers. von Heinrich Steinitzer. Georg Müller, München 1925

Die **Bibel** nach Martin Luther: *Die Himmelsleiter (Genesis 28,10–22)
– Josephs Traum (Matthäus 1,18–25) – Wenn ich gedachte (Hiob 7,
13–15).* Anaconda, Köln 2016

Otto Julius **Bierbaum**: *Abendlied (Die Nacht ist niedergangen) – Die
Spinne – Schwerer Traum (Ich lag an einem Birkenstamm) – Alle-
gorie – Glück im Traum.* Aus: *Irrgarten der Liebe.* Insel, Leipzig
1901 – *Kühle.* Aus: *Ausgewählte Gedichte, Gesammelte Werke,* Bd.
1. Georg Müller, München 1921

Clemens **Brentano**: *Wenn der lahme Weber träumt, er webe.* Aus:
Ausgewählte Gedichte, Werke, Band 1. Hanser, München 1963–
1968

Georg **Büchner**: *ROBESPIERRE. (…) Die Nacht schnarcht.* Aus: *Dan-
tons Tod.* Anaconda, Köln 2005

Gottfried August **Bürger**: *Des armen Suschens Traum.* Aus: *Bürgers
Gedichte in zwei Teilen,* Teil 1: *Gedichte 1789.* Deutsches Verlags-
haus Bong & Co., Berlin, Leipzig, Wien, Stuttgart 1914

Pedro **Calderón de la Barca**: *SIGISMUND. Dies ist Wahrheit.* Aus:
Das Leben ein Traum, Calderóns ausgewählte Werke, Bd. 2.

Übers. von Johann Diederich Gries. J. G. Cotta'sche Buchhand-
lung Nachfolger, Stuttgart ca. 1905

Lewis **Carroll**: *Wer hat's geträumt?* Aus: *Alice hinter den Spiegeln.*
Übers. von Jan Strümpel. Anaconda, Köln 2013

Adelbert von **Chamisso**: *Das Schloss Boncourt.* Aus: *Gedichte* (Aus-
gabe letzter Hand), *Sämtliche Werke,* Bd. 1. Winkler, München 1975

Theodor **Däubler**: *Zum Wind und Nebelreigen wehn.* Aus: *Das Nord-
licht,* Teil 1. Georg Müller, München, Leipzig 1910

Max **Dauthendey**: *Wem ein Seufzer fiel in den Schoß – Von dir la-
chen noch meine Träume.* Aus: *Die ewige Hochzeit. Liebeslieder.
Gesammelte Werke,* Bd. 4. Albert Langen, München 1925

Richard **Dehmel**: *Nacht für Nacht.* Aus: *Zwei Menschen.* Schuster &
Loeffler, Berlin 1903 – *Läuterung – Im Traume –* Aus: *Erlösun-
gen.* Göschen, Stuttgart 1891 – *Böser Traum.* Aus: *Weib und Welt.*
Schuster & Loeffler, Berlin 1896 – *Helle Nacht.* Aus: *Aber die
Liebe.* Dr. E. Albert & Co., München 1893

Annette von **Droste-Hülshoff**: *Der Traum. An Amalie H.* Aus: *Ge-
dichte* (Die Ausgabe von 1844), *Sämtliche Werke in zwei Bänden,*
B.d 1. Winkler, München 1973

Dschuang Dsi: *Schmetterlingstraum.* Aus: *Das wahre Buch vom süd-
lichen Blütenland.* Übers. von Richard Wilhelm. Anaconda, Köln
2011

Joseph von **Eichendorff**: *Der Abend (Schweigt der Menschen laute
Lust) – Der Einsiedler – Mondnacht – Die Nachtblume – Winter-
nacht.* Aus: *Gedichte* (Ausgabe 1841), *Werke,* Bd. 1. Winkler, Mün-
chen 1970 ff.

Ludwig **Erk**; Franz Magnus **Böhme** (Hrsg.): *Der schwere Traum.*
Aus: *Deutscher Liederhort,* Band 1, Breitkopf & Härtel, Leipzig
1893–1894

Johann Gottlieb **Fichte**: *Ich weiß überall von keinem Sein*. Aus: *Die Bestimmung des Menschen, Johann Gottlieb Fichtes sämmtliche Werke*, Bd. 2. Veit & Comp., Berlin 1845/1846

Theodor **Fontane**: *Effis Alptraum (Und nun entfernte sich Johanna)*. Aus: *Effi Briest*. Anaconda, Köln 2005

Sigmund **Freud**: *Aus Freuds Traumdeutung (In gewissem Sinne sind alle Träume) – Und der Wert des Traums – Wovon die Tiere träumen*. Aus: *Die Traumdeutung, Gesammelte Werke*. Anaconda, Köln 2014

Stefan **George**: *B : II*. Aus: *Das Neue Reich, Gesamt-Ausgabe der Werke*, Bd. 9. Georg Bondi, Berlin 1928 – *XLIII*. Aus: *Shakespeare. Sonnette, Gesamt-Ausgabe der Werke*, Bd. 12. Georg Bondi, Berlin 1931 – *Ich denke immer dein, wie an die träume*. Aus: *Zeitgenössische Dichter*, Erster Teil, *Gesamt-Ausgabe der Werke*, Bd. 15. Georg Bondi, Berlin 1929

Johann Wilhelm Ludwig **Gleim**: *Das Leben ist ein Traum*. Aus: *Gleims Gedichte*. Bibliographisches Institut, Hildburghausen, New York, vor 1876

Johann Wolfgang **Goethe**: *Dämmrung senkte sich von oben – Gesang der Elfen – An den Schlaf (Der du mit deinem Mohne) – Erlkönig*. Aus: *Gesammelte Werke, Die Gedichte*. Anaconda, Köln 2015 – *Man mag sich stellen, wie man will – Eine einzige Freude bleibt mir noch*. Aus: *Die Wahlverwandtschaften*. Anaconda, Köln 2008 – *Umsonst strecke ich meine Arme – Dass das Leben des Menschen nur ein Traum sei*. Aus: *Die Leiden des jungen Werther*. Anaconda, Köln 2005 – *Geweihter Platz*. Aus: *Gedichte* (Ausgabe letzter Hand, 1827), Berliner Ausgabe, Poetische Werke, Bd. 1. Aufbau, Berlin 1960 ff.

Franz **Grillparzer**: *Doch vergiss es nicht*. Aus: *Der Traum ein Leben, Sämtliche Werke*, Bd. 2, Hanser, München 1960–1965

Andreas **Gryphius**: *Abend (Der schnelle Tag ist hin).* Aus: *Sonette, Gesamtausgabe der deutschsprachigen Werke,* Bd. 1. Max Niemeyer, Tübingen 1963

Karoline von **Günderrode**: *Der Kuss im Traume.* Aus: *Poetische Fragmente, Gesammelte Werke,* Bd. 1, Goldschmidt-Gabrielli, Berlin-Wilmersdorf 1920–1922

Friedrich von **Hagedorn**: *An den Schlaf (Gott der Träume) – Turpill.* Aus: *Sämtliche poetische Werke,* Philipp Reclam, Leipzig ca. 1910

Otto Erich **Hartleben**: *Im Arm der Liebe.* Aus: *Meine Verse.* S. Fischer, Berlin 1905

Friedrich **Hebbel**: *Schlafen, schlafen, nichts, als schlafen – Ich und du.* Aus: *Dem Schmerz sein Recht, Sämtliche Werke,* 1. Abteilung. B. Behr, Berlin 1911 ff. – *Nachtlied (Quellende, schwellende Nacht) – Den bängsten Traum begleitet – Traum und Poesie.* Aus: *Gedichte* (Ausgabe letzter Hand), *Sämtliche Werke,* 1. Abteilung. B. Behr, Berlin 1911 ff. – *Wahnsinnige, verrückte Träume (d. 22. Nov. 1843) – Der Traum ist der beste Beweis (d. 31. Jan. 1844) – Der Mensch ist ein Blinder (d. 6. Jan: Morgens.) – Wie oft träumt man (d. 19. August 1843).* Aus: Tagebücher 1843–1847, Bd. 2. Dtv, München 1984

Georg Wilhelm Friedrich **Hegel**: *In dem Traum hört.* Aus: *Vorlesungen über die Geschichte der Philosophie, Werke in zwanzig Bänden,* Bd. 18. Suhrkamp, Frankfurt a. M. 1979

Heinrich **Heine**: *Mir träumte einst von wildem Liebesglühn – Ich hab im Traum geweinet – Mir träumte: Traurig schaute der Mond – Ein Fichtenbaum steht einsam.* Aus: *Buch der Lieder.* Anaconda, Köln 2005

Johann Gottfried **Herder**: *Ein Traum, ein Traum ist unser Leben.* Aus: *Amor und Psyche auf einem Grabmal, Werke,* Erster Theil. Gustav Hempel, Berlin 1879

Georg **Heym**: *Halber Schlaf.* Aus: *Ausgewählte Gedichte, Dichtungen und Schriften*, Bd. 1. Ellermann, Hamburg, München 1960 ff.

Paul **Heyse**: *Zwischen Nacht und frühem Tag – Schlaf nur ein.* Aus: *Gedichte, Gesammelte Werke* Reihe 1, Bd. 5. J. G. Cotta'sche Buchhandlung, Stuttgart 1924

E. T. A. **Hoffmann**: *Elis' Traum (Kaum hatte er sich).* Aus: *Die Bergwerke zu Falun, Gesammelte Werke.* Anaconda, Köln 2015 – *Veronikas Fiebertraum (Der Postillion stieß).* Aus: *Der goldene Topf, Gesammelte Werke.* Anaconda, Köln 2015

Hugo von **Hofmannsthal**: *Wir sind aus solchem Zeug.* Aus: *Die Gedichte, Gesammelte Werke*, Bd. 1. S. Fischer, Berlin 1924 – *Dichter sprechen.* Aus: *Die Gedichte 1891–1898, Gesammelte Werke in zehn Einzelbänden*, Bd 1. Fischer Taschenbuch, Frankfurt a. M. 1979

Friedrich **Hölderlin**: *Die Nacht (Seid gegrüßt, ihr zufluchtsvolle Schatten).* Aus: *Gedichte 1784–1800, Sämtliche Werke*, Bd. 1. Kohlhammer / Cotta, Stuttgart 1946 – *O ein Gott ist der Mensch, wenn er träumt.* Aus: *Hyperion oder der Eremit in Griechenland.* Anaconda, Köln 2005

Ludwig Christoph Heinrich **Hölty**: *Ballade.* Aus: *Sämtliche Gedichte, Sämtliche Werke*, Bd. 1. Gesellschaft der Bibliophilen, Weimar 1914

Homer: *Penelopes Traum (Aber höre den Traum).* Aus: *Odyssee, Ilias / Odyssee.* Übers. von Johann Heinrich Voß. Anaconda, Köln 2019 – *Achill träumt von Patroklos (Peleus' Sohn aber).* Aus: *Ilias, Ilias / Odyssee.* Übers. von Hans Rupé. Anaconda, Köln 2019

Franz **Kafka**: *Der Traum vom Weltrekord (Der große Schwimmer).* Aus: *Fragmente aus Heften und losen Blättern.* Fischer Taschenbuch, Frankfurt 1987

Immanuel **Kant**: *Gewisse Philosophen glauben – Aristoteles sagt irgendwo.* Aus: *Träume eines Geistersehers, erläutert durch Träume* *der Metaphysik, Werke in zwölf Bänden.* Bd. 2. Suhrkamp, Frankfurt am Main 1977

John **Keats**: *An den Schlaf (O sanfter Duft der stillen Mitternacht).* Aus: *Gedichte.* Übers. von Gisela Etzel. Insel, Leipzig 1910

Gottfried **Keller**: *Abendlied (Augen, meine lieben Fensterlein).* Aus: *Gesammelte Gedichte, Sämtliche Werke in acht Bänden,* Bd. 1. Aufbau, Berlin 1958–1961 – *Wie schlafend unterm Flügel.* Aus: *Neuere Gedichte, Sämtliche Werke in acht Bänden,* Bd. 1. Aufbau, Berlin 1958–1961

Justinus **Kerner**: *Mir träumt ich flog.* Aus: *Die Reiseschatten.* Insel, Frankfurt a. M., Leipzig 1996

Klabund: *Einmal noch den Abend halten* – *Die Liebe ein Traum.* Aus: *Gesammelte Gedichte. Lyrik. Balladen. Chansons.* Phaidon, Wien 1930 – *Lass mich einmal eine Nacht.* Aus: *Der himmlische Vagant.* Kiepenheuer & Witsch, Köln 1968

Else **Lasker-Schüler**: *Ich träume so leise von dir* – *Dann* – *Die Liebe.* Aus: *111 Liebesgedichte.* Anaconda, Köln 2016

Nikolaus **Lenau**: *Bitte* – *Waldlieder VI.* – *Frage* – *Traumgewalten* – *Schläfrig hangen die sonnenmüden Blätter.* Aus: *Gedichte, Sämtliche Werke und Briefe,* Bd. 1. Insel, Leipzig, Frankfurt a. M. 1970 – *Der Traum (Schlaf, Innozenz).* Aus: *Versepen: Die Albigenser, Sämtliche Werke und Briefe,* Bd. 1. Leipzig, Frankfurt a. M. 1970

Gotthold Ephraim **Lessing**: *Perlen bedeuten Tränen (CLAUDIA. Aber, meine Kinder).* Aus: *Emilia Galotti.* Anaconda, Köln 2006

Georg Christoph **Lichtenberg**: *Aus den Sudelbüchern (Dass einem (wenigstens mir)).* Aus: *Aufzeichnungen und Aphorismen, Schriften und Briefe,* Bd. 1. Hanser, München 1967 ff.

Conrad Ferdinand **Meyer**: *Nachtgeräusche* – *Lethe.* Aus: *Gedichte* (Ausgabe 1892), *Sämtliche Werke in zwei Bänden,* Bd. 2. Deutscher Bücherbund, München 1968

Gustav **Meyrink**: *Schlaf (Das Mondlicht fällt)*. Aus: *Der Golem*. Anaconda, Köln 2006 – *Das Fieber*. Aus: *Des Deutschen Spießers Wunderhorn, Gesammelte Werke*, Bd. 4, Teil 2. Albert Langen, München 1913

Eduard **Mörike**: *Um Mitternacht (Gelassen stieg die Nacht ans Land)* – *An den Schlaf (somne levis)*. Aus: *Gedichte* (Ausgabe 1867), *Sämtliche Werke in zwei Bänden*, Bd. 1. Winkler, München 1967

Erich **Mühsam**: *Geh nach Hause, armer Knabe*. Aus: *Wüste – Krater – Wolken. Die Gedichte*, Paul Cassirer, Berlin 1914

Wilhelm **Müller**: *Frühlingstraum*. Aus: *Die Winterreise, Gedichte*. Behr, Berlin 1906

Johann **Nestroy**: *7359 (Leise Musik beginnt)*. Aus: *Der böse Geist Lumpazivagabundus oder Das liederliche Kleeblatt, Werke*. Winkler, München 1962

Friedrich **Nietzsche**: *Traum und Rausch (Um uns jene beiden Triebe)*. Aus: *Die Geburt der Tragödie oder Griechentum und Pessimismus*. Anaconda, Köln 2012 – *Apollinisch – dionysisch*. Aus: *Aus dem Nachlass der Achtzigerjahre, Werke in drei Bänden*, Bd. 3. Hanser, München 1954

Novalis: *Trägt nicht alles, was uns begeistert* – *2. Hymne an die Nacht* – *Hinüber wall ich*. Aus: *Hymnen an die Nacht*. Anaconda, Köln 2006 – *Die blaue Blume (Die Eltern lagen schon)* – *Die Welt wird Traum* (aus dem *Astralis*-Gedicht). Aus: *Heinrich von Ofterdingen, Schriften. Die Werke Friedrich von Hardenbergs*, Bd. 1. Kohlhammer, Stuttgart 1960–1977

Ovid: *Morpheus, Phobetor und Phantasos (Aber der Vater)*. Aus: *Metamorphosen*. Übers. von Johann Heinrich Voß. Anaconda, Köln 2010

Jean **Paul**: *Die Kindheit*. Aus: *Rede des toten Christus vom Weltgebäude herab, dass kein Gott sei, Werke*, Bd. 2. Hanser, München

1959–1963 – *Jedes Körper- oder Welten-Reich.* Aus: *Vorschule der Ästhetik, Werke,* Bd. 5. Hanser, München 1959–1963 – *Nach einem bösen Traum.* Aus: *Ideen-Gewimmel. Texte und Aufzeichnungen aus dem unveröffentlichten Nachlass.* Eichborn, Frankfurt a. M. 1996 – *Er ging die Gasse herab.* Aus: *Flegeljahre, Werke,* Bd. 2. Hanser, München 1959–1963 – *Der Traum ist das Tempe-Tal.* Aus: *Leben des Quintus Fixlein, Werke,* Bd. 4. Hanser, München 1959–1963

August Graf von **Platen**: *Das Reich der Geister.* Aus: *Gedichte* (Ausgabe 1834), *Werke in zwei Bänden,* Bd. 1. Winkler, München 1982

Platon: *Sokrates über den Traum (SOKRATES. Weißt du).* Aus: *Der Staat.* Übers. von Otto Apelt. Anaconda, Köln 2020

Edgar Allan **Poe**: *Traumland – Ein Traum in einem Traum.* Aus: *Der Rabe und andere Gedichte.* Übers. von Theodor Etzel u. Karl Lerbs. Anaconda, Köln 2014

Rainer Maria **Rilke**: *Der Abend ist mein Buch – Ich bin zu Hause zwischen Tag und Traum – Nenn ich dich Aufgang oder Untergang? – Die Nacht wächst wie eine schwarze Stadt – Träume, die in deinen Tiefen wallen.* Aus: *Mir zur Feier, Die Gedichte, Gesammelte Werke,* Bd. 3. Anaconda, Köln 2020 – *Schlaf-Mohn.* Aus: *Der neuen Gedichte anderer Teil, Die Gedichte, Gesammelte Werke,* Bd. 3. Anaconda, Köln 2020 – *Der Träumer (Es war ein Traum in meiner Seele tief).* Aus: *Larenopfer, Die Gedichte, Gesammelte Werke,* Bd. 3. Anaconda, Köln 2020 – *... Und sagen sie.* Aus: *Gedichte 1906 –1910, Die Gedichte, Gesammelte Werke,* Bd. 3. Anaconda, Köln 2020

Friedrich **Schiller**: *Wallensteins Grab (GRÄFIN. O meine Seele).* Aus: *Wallensteins Tod, Wallenstein.* Anaconda, Köln 2014 – *Der Traum vom Jüngsten Gericht (FRANZ. Bleib!).* Aus: *Die Räuber.* Anaconda, Köln 2007 – *Seine Seele fühlt sich in diesen Ideen.* Aus:

Briefe über don Carlos, Schillers Sämmtliche Werke, Bd. 4. J. G. Cotta'sche Buchhandlung, Stuttgart 1879

Friedrich **Schlegel**: *Der Dichter. Aus: Dichtungen, Kritische Friedrich Schlegel-Ausgabe,* Bd. 5. Schöningh, München u.a. 1962 – *Aber die jugendliche Seele. Aus: Lucinde, Kritische Friedrich Schlegel-Ausgabe,* Bd. 5. Schöningh, München u.a. 1962

Arthur **Schopenhauer**: *Es ist wirklich unglaublich. Aus: Die Welt als Wille und Vorstellung.* Anaconda, Köln 2009

Gustav **Schwab**: *Hekabes Traum (Das weitere Los des Königs). Aus: Sagen des klassischen Altertums, Vollständige Ausgabe.* Anaconda, Köln 2014

William **Shakespeare**: *Mercutio über den Traum (ROMEO. Ich hatte diese Nacht). Aus: Romeo und Julia, Gesammelte Werke.* Übers. von Wolf Graf Baudissin, August Wilhelm Schlegel, Dorothea Tieck und Gustav Wolf. Anaconda, Köln 2013 – *Calpurnias Alptraum (DECIUS. Heil, Cäsar!). Aus: Julius Cäsar, Gesammelte Werke.* Übers. von Wolf Graf Baudissin, August Wilhelm Schlegel, Dorothea Tieck und Gustav Wolf Anaconda, Köln 2013 – *43. Sonett – 27. Sonett. Aus: Die Sonette, Gesammelte Werke.* Übers. von Wolf Graf Baudissin, August Wilhelm Schlegel, Dorothea Tieck und Gustav Wolf Anaconda, Köln 2013 – *PROSPERO. Mein Sohn. Aus: Der Sturm, Gesammelte Werke.* Übers. von Wolf Graf Baudissin, August Wilhelm Schlegel, Dorothea Tieck und Gustav Wolf Anaconda, Köln 2013

Ernst **Stadler**: *Träume (Träume der blassen und umglühten Stunden). Aus: Praeludien, Dichtungen,* Bd. 2. Ellermann, Hamburg 1954

Laurence **Sterne**: *Tristram Shandys Schlafkapitel (Könnte ich doch ein Kapitel über Schlaf schreiben). Aus: Tristram Shandy,* Bd. 1. Übers. von E. A. Gelbcke. Bibliographisches Institut, Leipzig 1900

Theodor **Storm**: *Meeresstrand – Du schläfst – Hyazinthen – Schlaflos (Aus Träumen in Ängsten)*. Aus: *Gedichte* (Ausgabe 1885), *Sämtliche Werke in vier Bänden*, Bd. 1. Aufbau, Berlin, Weimar 1978

Ludwig **Tieck**: *Die Träume sind vielleicht unsre – Ein Traum, sagt man freilich wohl*. Aus: *Geschichte des Herrn William Lovell*, *Werke in vier Bänden*, Bd. 1. Winkler, München 1963 – *So ist der Schlaf*. Aus: *Franz Sternbalds Wanderungen*, *Werke in vier Bänden*, Bd. 1. Winkler, München 1963

Georg **Trakl**: *Traumwandler*. Aus: *Das dichterische Werk*. Dtv, München 1972

Kurt **Tucholsky**: *Träume (Vorgestern Nacht)*. Aus: *Gesammelte Werke in zehn Bänden*, Bd. 4. Rowohlt Taschenbuch, Reinbek bei Hamburg 1975

Ludwig **Uhland**: *Traumdeutung – Der Traum (Im schönsten Garten wallten)*. Aus: *Gedichte* (Ausgabe letzter Hand), *Werke*, Bd. 1. Winkler, München 1980

Paul **Verlaine**: *Heut Nacht im Traume sah ich dich*. Aus: *Ausgewählte Gedichte*. Übers. von Graf Wolf von Kalckreuth. Insel, Leipzig 1983

Friedrich Theodor **Vischer**: *Wie hoch die Welt sich bäumet*. Aus: *Lyrische Gänge*. Deutsche Verlagsanstalt, Stuttgart, Leipzig, Berlin, Wien 1888

Georg **Weerth**: *Herüber zog eine schwarze Nacht*. Aus: *Ausgewählte Gedichte*, *Sämtliche Werke in fünf Bänden*, Bd. 1. Aufbau, Berlin, Weimar 1956/57

Walt **Whitman**: *Im Schlaf um Mitternacht*. Aus: *Grashalme*. Übers. von Wilhelm Schölermann. Anaconda, Köln 2009

Christoph Martin **Wieland**: *Dass Träume nicht allemal Schäume sind*. Aus: *Geschichte des Agathon*, *Werke*, Bd. 2. Winkler, München 1964 ff. – *Denn wie widersinnig*. Aus: *Das Hexameron von Rosenhain*. Aufbau, Berlin 1991

Stefan **Zweig**: *Nocturno – Wie dunkle Kiefernforste … – Junge Glut – Nun weiß ich …* Aus: *Silberne Saiten.* Schuster & Loeffler, Berlin, Leipzig 1901 – *Träume (Du musst dich ganz deinen Träumen vertrauen) – Verträumte Tage.* Aus: *Die frühen Kränze.* Insel, Leipzig 1917

Nur für das Nachwort verwendete Literatur:

Barbara **Frischmuth**: *Traum der Literatur – Literatur des Traums. Münchner Poetik-Vorlesungen.* Residenz-Verlag, Salzburg und Wien 1991

Friedrich **Schlegel**: *116. Athenäums-Fragment.* Aus: *Athenäums-Fragmente, Kritische Friedrich-Schlegel-Ausgabe,* Erste Abteilung: Kritische Neuausgabe, Band 2 Schöningh, München, Paderborn, Wien, Zürich 1967

William **Shakespeare**: *The Tempest.* Third Series, *The Arden Shakespeare.* Bloomsbury, London 2011

Autor*innenverzeichnis mit Textüberschriften und -anfängen